地域と産業

新版

経済地理学の基礎

富田 和暁 著

原 書 房

まえがき

——新版への序——

日本の大学における「経済地理学」あるいは「人文地理学」の教科書・概説書として書かれた本書『地域と産業』の初版が発行されたのは，1996年である。初版は大明堂から発行されたが，大明堂の業務終了にともない2004年からは原書房から刊行されている。

初版執筆以後の本書の内容に関わる日本の社会・経済的な変化，とくに国際化の一層の進展と国内の規制緩和に起因する，日本の諸産業の地域的な変化は大きい。こうした変化を考慮した本書の改訂を，数年前から計画してきた。

新版の執筆に際しては，基本的な事項には大きな変更を加えず，上述の社会・経済的な変化に留意した（具体的には，統計データの更新，関連する日本の法律の改廃についての言及，最新の諸産業の地域的動向や立地動向の紹介）。さらに，最近の学術的な知見も若干組み込んだ。

上記のような諸点について改訂をしたが，本書の目的とするところは，初版の場合と同様に下記の２つである。

諸産業（工業，商業，オフィス）の空間的展開をみると，特定の地域に集中しているものや分散しているものなどさまざまである。こうした産業の地域的現象には何か法則的・原理的なものがあるのだろうか。あるとすればどういうものなのか。このことについて，わかりやすく述べることが本書の第１の目的である。

この目的のために本書では，古典的な産業立地に関する諸理論（チューネン，ウェーバー，クリスタラーなどの理論）の概要を記述する。これらの諸理論が構築されたのはかなり古いが，現代においても現実の地域における諸産業の立地を理解し，説明する原理として普遍的な意義をもっている。たとえば，チューネンの農業立地論は都心を中心とする土地利用の同心円構造を理解する原理としての意味があり，ウェーバーの工業立地論は工業の集積や分散現象を，クリスタラーの中心地理論は都心地区の商業集積現象などを説明する原理として有効である。

このような観点から，本書では古典的な産業立地論の概要を記述するとともに，現実の諸産業の立地現象の背景と要因を理解することを意図して，これらの理論の現代的意義について概説する。

本書の第2の目的は，現実の（とくに日本の）社会において社会・経済的にみて重要と思われる諸産業の地域的現象（都市内農業，工場の地方分散や海外進出，大都市の都心地区における商業集積，大企業本社の東京指向，地方中枢都市における支店集積など）を紹介し，このような現象を上記の諸理論によってどのように説明できるかについて略述することである。

簡単にいえば，本書は現実の諸産業の地域的展開についての状況とその原理（理論）的な理解を，目的としたものである。

本書で参考にした資料のなかで，一部（日本経済新聞などの新聞記事など）については巻末の文献一覧に記載していないものがあること，および本文のなかでは引用または参考にした文献・資料の明示を省略した場合があることを，おことわりしておきたい。

本書の改訂に際して意見を寄せられた多くの同学の諸氏，および統計資料の一部を提供された阿部和俊教授（愛知教育大学）に感謝申しあげる。最後に，本書の出版にあたりお世話になった原書房の成瀬雅人社長と中根善一さん，および編集・校正を担当された中村孝子さんにお礼申しあげる。

2006年２月　名古屋市にて

富田　和暁

目　次

第1部　チューネン理論と実際の農業

第1章　チューネンの農業立地論の概要

1　チューネンの研究の背景と目的

チューネン（Johann Heinrich von Thünen：1783－1850）が1826年に著した『農業と国民経済に関する孤立国』（略称『孤立国』）は農学および経済学の古典として知られているが，また経済立地論の古典としても重要である。

チューネンが『孤立国』を著した時代は，地主が封建的殻を破って資本家へ転移した時代であり，企業的な農業が成立した時代であるといってよい。工業面では，すでにプロシアでも機械制工業生産の導入による近代資本主義の時代に入っていた。しかし，農業の分野においては工業生産面におけるような技術的革命はなく，中世以来の共同体的土地利用形態や強制的輪作を多く残存させていた三圃式農法に代わるべき農法として，輪栽式農法などが唱導されていたにすぎなかった。つまり，企業的経営における新しい合理的な農法が求められていた時代であったのである。チューネンはこうした状況のなかで，最大収益をもたらす農業経営様式（農法）の空間的配置の原理を模索したのである。

『孤立国』第1部の研究の意図・目的はつぎのように要約できる。当時のドイツの農学者テーアが農業後進国ドイツ全土に，地力回復を休閑によって図る停滞的な三圃式農法にかわって，家畜・飼料作物の導入という集約的な輪栽式農法を普及させることを提唱していたのに対して，チューネンは，地域によって必ずしも輪栽式農法が有利でないことを論証しようとした。さらに，彼は農業経営を合理的に行うために，農業経営様式の地域的配置を生じさせる一般原理を明らかにし，ドイツの農業政策に貢献しようとした。

チューネンはこの問題を究明するために有名な「孤立国」とよばれている仮想的な空間を想定し，この空間における合理的な農業経営様式の配置原理を考察したのである。

2　「孤立国」の前提条件

チューネンは「孤立国」の前提条件と「孤立国」における農業経営様式の空間的配置問題について，つぎのようにいう。

「一つの大都市が肥沃な平野の中央にあると考える。平野には舟運をやるべき川も運河もない。平野はまったく同一の土壌よりなり，いたるところ耕作に適している。都市から最も遠く離れた所で平野は未耕の荒れ地に終り，もってこの国は他の国とまったく分離する。平野にはこの一大都市以外には，さらに都市がないから，工芸品はすべてこの都市が国内に供給せねばならず，また都市はそれを取り巻く平野からのみ食料品を供給されている」。

「そこで問題が生じる。このような関係のもとにおいては，農業はいかなる状態を示すか。農業が最も合理的に経営される時には，都市からの距離の大小は農業に対していかなる影響を与えるか」。この問題は換言すれば，「土地から最大の純収益をあげるためには，農場の経営は都市からの距離が加わるにつれていかに変化しなければならないだろうか」ということである。

チューネンは，このようにあらゆる自然条件を考慮しない均等・均質な仮想的な空間において都市からの距離のみを問題として農業経営様式の配置の問題を考えたのである。この考察方法は「孤立化的方法」として知られている。

彼の基本的な研究方法は演繹的であるが，論証にはロストック市の東南35kmのテロー農場において自ら十数年間，農場経営を行った豊富な経験と詳細な資料が生かされており，きわめて実証的である。要するに，「孤立国」研究の基礎は具体的・経験的であり，処理は孤立化的で，認識目標は普遍妥当性である（春日，1981）。

なお，チューネンはテロー農場の経営を始める前に，「孤立国」の最初のアイデアをつかんでいた。すなわち，青年時代（20歳前後）にホルスタイン地方の農学校で学んだときに，その地域の農業生産物の販路であったハンブルクなどの大都市の意義を認識したのである。したがって，テロー農場は彼の研究の「実験農場」の役割をもっていたといえる。

3　農業経営様式の空間的配列原理

前述の問題に対する解の要点をチューネンはつぎのようにいう。

「都市の近傍においては価格に比して重量が大きく，またはかさばって都市への運送費膨大なために，遠方よりこれを輸送できない生産物が栽培されねばならぬことは一般的に明らかである。また，腐敗しやすいもの，新鮮なうちに消費せねばならないものも同じである。都市から遠くなるにともない，農産物の価格に比して運送費が少ない作物を生産する。この理由から，都市の周囲に，ある作物を主要生産物とする同心円構造がかなり明瞭に描かれる。栽培する作物が異なるにつれ，農業の全形態が変わるから，われわれは各圏においてさまざまな農業経営様式を見るであろう」。

こうして，図1-1のような都市を中心とした，自由式農業[1)]→育成林

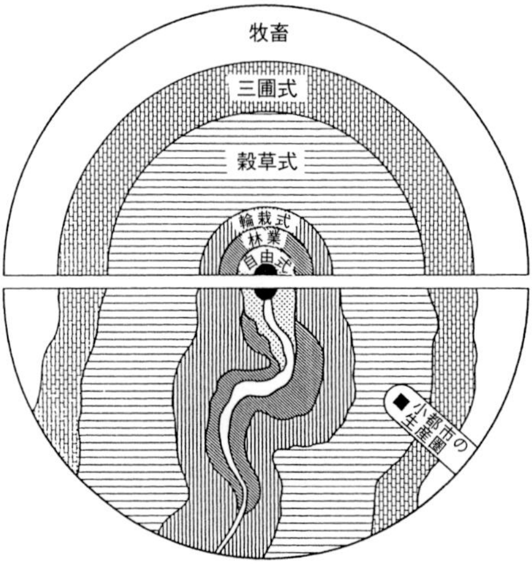

図1-1　チューネンの「孤立国」
出典：近藤（1974 b）.

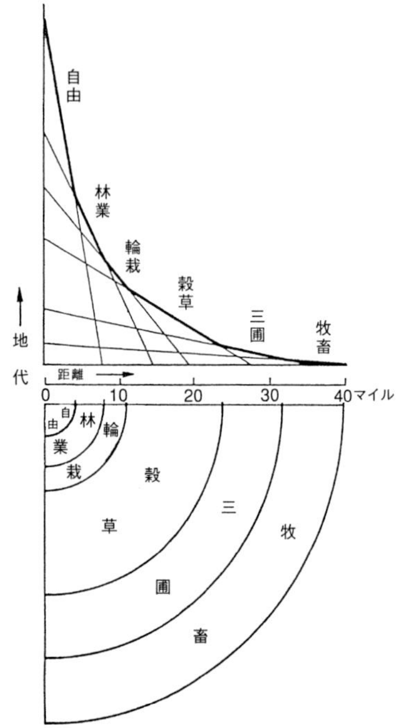

図1-2　孤立国における地代による農業経営様式の決定
出典：近藤（1974 b）.

業[2]→輪栽式農業[3]→穀草式農業→三圃式農業[4]→牧畜の同心円構造（チューネン圏）が形成されるとした。この同心円構造成立の説明の要点は以下のとおりである。

① 農産物を都市へ輸送する費用には，都市からの距離によって地域的差がある。

② 農産物の地元価格（市場価格－輸送費用）に地域的差が生じる。

③ 各農業経営様式があげうる地代（地元価格－生産費用）は都市からの距離によって変化する。

④ 最高の地代をあげる農業経営様式は，都市からの距離によって異なる。

上述のように，合理的な農業経営様式の地域的配列は都市を中心とする同心円構造を示す（図１－２）。このように，農産物の輸送費がひとつの大きな要因となってチューネン圏が形成されるのである。

チューネン圏の形成に関して重要なことは，チューネンは農業立地の基本要素を農作物ではなく，農業経営様式（農法）として考えていることである。同一農作物を生産する農法はいくつもあり，農法によってその農作物の生産量と生産費が異なることが議論を複雑にしている大きな理由のひとつである。これについて，チューネンにしたがって，穀草式と三圃式の２つの農法を例にして説明してみよう。

これら２つの農法による収益（農産物の収穫量－生産費用）は，下記のように「ライ麦収穫量－生産費」の式で表すことができる。これらの農法ではさまざまな穀物を生産しているが，分かりやすく説明するためにすべての穀物の収穫量をライ麦に換算して計算している。また，同一の条件（農場面積同一＝約142ヘクタール）における比較である。

〔収穫量〕　　　〔生産費〕

穀草式農業の収益＝1,710シェッフェル－747ターレル

三圃式農業の収益＝1,000シェッフェル－381ターレル

上の式から明らかなように，穀草式は土地生産性（収穫）が高い（三圃式の1.75倍）が，また生産費も多く要する（三圃式の約２倍)。一方の三圃式は休閑地が多いこともあって，土地生産性は低いが，生産費は少なくてすむ。この２つの農法を比べると，三圃式のほうが収益が少ないように思われる。しかし，どちらの収益が多いかはライ麦の市場価格および農場・市場間の距離（すなわち，市場への輸送費）などとの関係から決定されるのであり，絶対的に穀草式が優位であるわけではない[5)]。

以上のことはつぎのように要約できる。チューネンのいう「地代」は輸送費の影響と農業経営様式との総合的結果として，立地配置の決め手となって

おり，この結果として，都市を中心とする各種の農業経営様式の同心円構造が形成されるのである。なお，図1-1の下の部分は，舟運河川が存在する場合の孤立国の形態を示したものである。この河川を利用する船による運賃は陸路の10分の1であることを前提として，この図が描かれている。

第2章　チューネン理論の意義

1　農業地理学的意義

グリッグはチューネン理論から，つぎのような農産物の生産地域に関する原理を推定できるとした。

⑴　羊毛やタバコのような単位重量あたりの価格が高い生産物は，市場から一定の距離が離れたところで生産される。これらは市場への高い輸送費に耐えられるからである。

⑵　生のまま消費される牛乳は，市場近くで生産されなければならないが，市場から遠い地域では牛乳はバターやチーズに変えられる。このように腐敗しやすい生産物は，市場から遠い地域では腐敗しにくく，または単位重量あたりの価格が高い生産物に加工されるであろう。

チューネンの研究は，以下の2つの重要な農業地理学的意義をもつ。その第1は，チューネンは地域的にみて絶対的に優越する農業経営様式は存在しないことを明らかにしたことである。すなわち，テーアが唱導した土地生産性が高い輪栽式農法は，ある地域では最高の収益をあげるが，他の場合は別の農業経営様式がこれを上回る収益をあげることを論証したのである。したがって，チューネン理論の意義のひとつは，「農業経営様式の相対的優位性の原則」を証明したことにあるといえる。このことは別の表現を用いれば，先進的な輪栽式農法は一定の条件下で営まれてはじめて他の農法より優れているといえるのである[6)]。第2の農業地理学的意義は，市場と農場間の距離の摩擦（friction of distance）[7)] の存在ゆえに，同一自然条件の下においても，農業地域の空間的（地域的）分化が生じることを理論的・体系的に明らかにしたことである。

なお，チューネンは，市場への距離以外の諸条件が農業立地に及ぼす影響を指摘している。これらの諸条件（複数の市場の存在，土地の肥沃度などの土地条件の差異，交通条件の地域的差異など）はチューネン圏（チューネンモデル）を偏倚させる。

2　経済立地研究における意義

経済立地の研究におけるチューネンの理論の意義はつぎの2つにある。

その第1は，チューネンのとった理論的思考方法である。すなわち，孤立化的方法の着想および距離のみを取り上げて考察したことである。こうした方法は本書の第2部以降で述べるウェーバーやクリスタラーの研究に大きな影響を与えた。

その第2は，チューネンは空間の摩擦（friction of space）が人間の経済活動に及ぼす影響をはじめて理論的・体系的に明らかにしたといえるのであり，その原理的な説明は農業的土地利用だけにとどまらず土地利用の一般理論への礎石となったのである。この説明は以下のとおりである。

経済的な土地利用を大きく商業（デパートなどの大型商業施設），製造業（敷地面積が広い大規模工場），農業（企業的経営を行う大農場）に分けて，それぞれが利用する土地の単位面積あたりの収益（図1-2の縦軸の地代に相当）と都心からの距離（図1-2の横軸に相当）との関係を示す線（これを地代付け値曲線という）を図1-2の各農法にあてはめてみると，概念的にはつぎのようになる。商業は自由式農業あるいは林業，製造業は穀草式農業あるいは三圃式農業，農業は牧畜に，それぞれ似た線で表される。

商業と工業についてのこの説明はつぎのとおりである。商業は第3部第4章で述べるように，不特定多数の消費者からのアクセシビリティが大きい都心に立地すると，来客数が多くなり収益が大きい。ところが，都心から離れるにしたがってその収益は急速に減少する。なぜならば，消費者の利用（顧客）が少なくなるからである。これに対して，製造業は都心に立地してもその単位面積あたりの収益は（土地利用の高度化の程度が低いこともあって），商業よりも低く，また都心から離れてもその収益は商業ほど急に低下しない。このような地代付け値曲線の相違から，3つの産業間における立地競合の結果，都心地区に商業が立地し，その外側に製造業が，そして最も都心から遠い地域に農業が立地するという土地利用の同心円構造が形成されるのである。

チューネンはその著作のなかで，農業以外の土地利用についても言及し，つぎのことを指摘している。①都市の中心に立地する経済的機能にはさまざまな利便性があること。②それゆえに，都心の地価・土地賃料が高くなること。前者の①の指摘は，本書第4部のオフィス立地論で述べるヘイグの理論などの萌芽をなすものである。

第3章　チューネン圏の事例

チューネン理論が現実の社会に適合することを結論とした研究事例は多くある。本章では単にチューネン理論に適合した事例だけでなく，チューネン圏形成の要因である空間の摩擦の存在ゆえに現れた農業的土地利用の空間的秩序というべき研究事例を，その対象地域の空間的スケールによって，下記のように大きく3つに分けて述べることにする。

1　ミクロチューネン圏

農業集落を中心としたミクロな空間レベルにおけるチューネン圏の事例として，地中海のシチリア島カニカッティ村における農業的土地利用についての研究をみてみよう。この村のおもな農産物とその面積（ヘクタール）あたりの年間平均労働日数は，ブドウ（90日），オリーブ（45日），アーモンドなどの樹木作物（40日），および非灌漑耕地における小麦（35日）である。

これらの土地利用をみると，村からの距離に対応して大きく変化していることが明らかである。すなわち，村から4 km以内ではブドウ，オリーブ，および樹木作物を栽培する畑が多いが，4 kmを超えると小麦畑が多くなる。この距離的変化は，4種の農産物に対する平均労働投入の差にもとづく。つまり，頻繁に農地まででかける必要のある農産物は集落の近くで栽培し，その程度が低い農産物は集落から遠い所で栽培することによって，距離の摩擦を少なくしていることにもとづいているのである。

この例は，農産物の市場への輸送費の大小からチューネン圏が形成されるのではなく，農業集落と農地の間における農民や農業に必要な財（肥料，農機具）などの空間的移動に要する時間・費用・労力の大小によって形成される。つまり，合理的な人間行動としては，これらをできるだけ最少化しようとするのである。この行動原理は最少努力の原則（Principle of least effort）といい，農業的土地利用以外のさまざまな分野においてもみられる。

2　市場中心のチューネン圏

農産物の出荷先の市場を中心とする地域が，本来のチューネン圏というべ

表1-1　東京都心からの距離と農業組織の変化（1927年）

地帯別		日本橋よりの距離（km）	都市地域及び農業地域	農業組織 搾乳	温室	観賞植物	穀作	蔬菜	桑畑
				（頭）	（坪）	（戸）	（%）	（%）	（%）
東京市		～6	高度に発達した商工業地域	−	−	−	−	−	−
近郊	第1帯	6～8	工業地域，搾乳の地域	1,376	22	829	−	−	−
近郊	第2帯	8～12	圃作，搾乳，温室，水田，工業の地域	556	2,093	461	29	71	−
近郊	第3帯	12～16	圃作，稲作の地域	10	299	103	54	46	−
近郊	第4帯	16～20	同	−	210	−	63	37	−
東京市域外農業地域	第5帯	20～32	稲作，畑作の地域	−	−	−	65	35	−
東京市域外農業地域	第6帯	32～48	稲作，畑作，桑園の地域	−	−	−	88	11	1
東京市域外農業地域	第7帯	48～60	同	−	−	−	77	10	13
東京市域外農業地域	第8帯	60～72	同	−	−	−	68	5	27
東京市域外農業地域	第9帯	72～80	桑園の地域，一部稲作	−	−	−	47	10	43

出典：青鹿（1935）より筆者作成.
注：1）東京都心から東北方向の地域についての資料.
　　2）1里を4kmに換算して表示.
　　3）農業組織の穀作などの%は栽培面積に対する割合であり，3種の計が100%である.

き地域レベルである。しかし，孤立国のような条件をもつ地域は現実には見つけにくく，また，農地単位面積あたりの農業収益に関するデータを得ることもきわめて困難であるため，チューネン理論の厳密な検証事例は少ない。ここでは，こうした制約のなかで，市場を中心とする農業地域の同心円構造（これをチューネン圏的構造とよぶ）が認められた事例を紹介しよう。

青鹿四郎の名著『農業経済地理』は，1920年代の東京圏におけるチューネン圏を詳細な調査によって検証した意義をもつものである。すなわち，彼は表1-1のように，東京の中心（日本橋）からの距離によって大きく農業的土地利用と農業組織が変化することを明確に示した。概略的にいえば，東京近郊の集約的な温室栽培・観賞植物・養畜（搾乳）を中心とする集約的農業地帯，その外側を囲む稲作・畑作の穀作経営地帯，さらにその外側の穀作と養蚕を行う農業地帯の3地帯に大別できる。このような同心円的地帯構造の

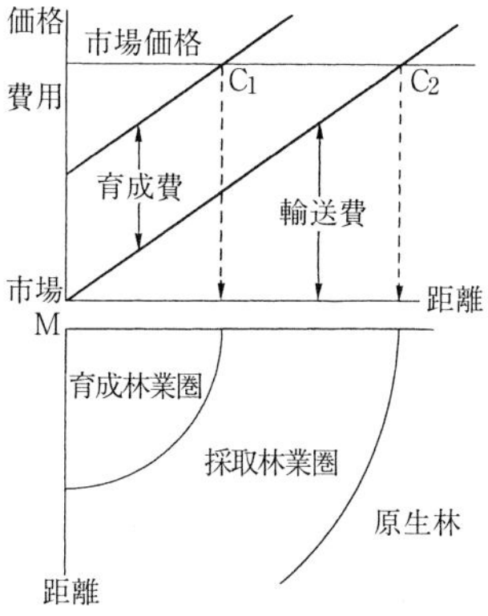

図1－3　林業のチューネン圏的構造の形式機構

出典：藤田（1977）.

成因について，青鹿はつぎのようにいう。「東京という大市場からの距離の遠近は生産物の運搬出荷の上の制約となって現れ，各種の運搬限界を規定し，その作物の対都市的位置を定めその地域的分布の成因となる」。

最近の大都市を中心とした農業地域の農地単位面積あたりの純収益を分析した研究は，データの制約からみられない。データが得られたとしても，たとえば東京圏では東京区部を中心とする明瞭なチューネン圏的構造はみられないように思われる。というのは，東京圏は都市の分布密度が高く，また交通手段が発達していることから距離の制約がきわめて小さく，さらに後述するように諸制度の影響もあるからである。

林業についてのチューネン理論の適用を，図1－3にもとづいてみてみよう。林業は育成林業と採取林業に大別される。理論的にいえば，育成林業は市場に比較的近い地域で成立する。というのは，育成林業には育成費（植栽費と保育費）が必要であり，その分だけ，採取林業よりも市場への輸送費負担力が減少するからである。このために理論的には，輸送費に育成費を加えた合計値が市場価格と交叉する点（C_1）の範囲までは育成林業圏が成立するが，C_1を越えると採算がとれないために育成林業圏は成立せず，採取林業圏となる。さらに，C_2を越えると採取林業圏もなりたたずに原生林となる。

実際，輸送手段が未発達な時代の近世後期から明治期の日本の代表的な育成林業地域は，大阪市場を対象とした奈良県の吉野林業，東京市場を対象とした秩父山地や青梅地方であり，いずれも大市場に比較的近いという共通性がある。この時代，大市場から遠距離の東北地方や九州においては経営を目的とした育成林業はみられなかった。

育成林業が成立する空間の範囲は，木材の市場価格，輸送費，育成費用の変数によって規定されているので，これらの変数の変化によって縮小・拡大する。たとえば，市場価格の上昇，道路の改良や林道の建設などによる素材の輸送費の低下，および造林補助金によって育成林業圏は空間的に拡大する。同様に採取林業圏も，市場価格の上昇や林道の建設などの交通条件の改善により拡大する。これとは逆に，木材価格の上昇期の1950年代頃に高率な造林補助金を用いたわが国の周縁部に位置する新興造林地域は，その後の安価な外材輸入によって木材の市場価格が低下したために，育成林業圏外に置かれている。つまり，木材の市場価格の低下によって育成林業圏が空間的に縮小したのである。現在の外材輸入条件が変わらない限り，かつての造林地域で育成林業が成立することは不可能とされている（藤田，1987）。こうしたこともあって，日本の木材の自給率は，1960年には90％近くあったが，1970年には47％，2003年には19％と大きく低下してきている。

3　マクロチューネン圏

日本全体についての農地面積あたりの農業粗生産額を用いたいくつかの研究がある。このなかから，1960～1975年の５年ごとの農業土地生産性（経営農用地面積あたりの農業粗生産額）の空間的分布を分析した市南（1980）の研究をみてみよう。この分析の単位地区は，いくつかの市区町村をひとつの農業地区としたものであり，県単位の分析よりも地域的傾向を把握するのに適している。この分析結果はつぎのとおりである。

1960～1975年を通じて農業土地生産性が高い地区は，太平洋側の大都市の周辺地域，瀬戸内沿岸，および特殊部門（果樹，野菜）への特化が著しい地区に分布していた。一方，これが低い地区は山間地域，大都市から遠距離地

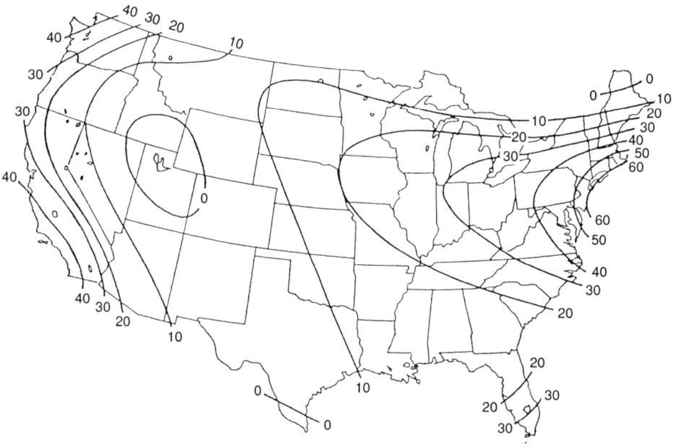

図１－４　アメリカ合衆国における農場面積あたり純所得

出典：Muller（1973）.
注：1）単位はドル／エーカー.
　　2）６次の傾向面.

域に分布していた。つまり，地形，気候などの自然条件による土地生産性への影響を除外すれば，大局的にはかなり明白な２つの中心（東京と大阪）をもつチューネン圏的構造が認められた。しかし，1960年とくらべると1975年には，チューネン圏的構造から乖離した地域もかなり現れた。たとえば，大都市から遠距離にある南九州の一部の地区においてきわめて高い生産性を示すようになった。こうした変化の要因は，輸送手段の進展による距離の摩擦の低下が関係していると考えられる。

アメリカ合衆国におけるカウンティー単位の農場面積あたりの純農業所得を地域傾向面分析から検討した研究（図１－４）では，①北東部のメガロポリスを中心にしてセクター傾向がある同心円構造を示すこと，さらに②カリフォルニア南部やシアトルなどはこの同心円構造から独立した２次的な中心を形成していることが示されている。上記①のセクター傾向は交通条件のセクター的な差異（メガロポリスから西へは全国的な交通軸がある），②は全国的にみた副次的な大市場の存在から説明される。

第4章　チューネン理論と現代日本の農業

既述のように，チューネン圏的な農業地域構造はさまざまな地域レベルでみられる。しかし，現代における日本の農業をみると，チューネン理論に適合しない事例がかなり多く存在する。この場合の理論と実際の乖離の最大要因は，チューネン理論の前提条件が実際にはみられないことにあると考えられる。本章では，それらの前提条件を整理しながら，現代日本における農業の実際を概観する。

1　農業経営の目的

チューネン理論は企業経営的な農業を前提としている。すなわち，農業経営は利益を最大とするように経営様式を採用することが前提である。ところが，現実の農業は必ずしも企業経営として営まれているわけではない。つまり，利益を最大にすることを目的としない農業経営が現実には多いのである。農業の場合だけではないが，産業活動は企業的経営と生業的経営に大別できる。この2つのタイプは経営の理念が基本的に異なると考えてよい。すなわち，企業的経営は最大利潤を経営の目的とするが，生業的経営の場合は別の理念によって経営を行う。その理念を簡単にいえば，家族が生活するのに困らないように経営を行うことである。生業的経営農家（自給的農家）は利益を最大にするとは限らないので，チューネン理論の前提条件を満たさない。換言すれば，生業的な農業経営の存在はチューネン理論の偏倚要因となるのである。

現代日本における農業をみると，企業的経営の性格があると考えてよい専業農家の総農家数に占める割合はわずか（2000年：14％）であり，ほとんどが兼業農家である。しかも，この兼業農家のうち農業以外の収入が農業収入を上回る第2種兼業農家の割合が最も多い（2000年：75％）。したがって，企業的経営をしていない農家が多いといえる[8)]。

専業農家から兼業農家への移行は，農家の通勤圏内での雇用機会の増大による通勤兼業という形態をとることが多い。この移行の基本的な理由は，農業よりも他の都市的産業の所得が大きいこと，および農業経営の規模が一般に零細なことである。この兼業農家，とくに通勤兼業という農業経営様式を可能にした大きな条件のひとつは，農業労働時間の大幅な短縮である。全国の農家1戸あたりの農地10アールあたり農業労働時間は，1960年の404時間から1985年には153時間，2000年には100時間となった。これには機械化の進展，農薬の使用および水田の区画規模の大型化が大きく寄与した。とくにコメの生産労働時間の減少は大きな意味をもっている。トラクター，動力田植機，コンバインなどを用いた機械化の普及によって，10アールあたりのコメの生産労働時間は，1950年の205時間から1983年には61時間へと劇的ともいえるほど大幅に低下したのである（2000年には33時間）。農業機械・農薬の導入以前の日本のコメ作りはきわめて労働集約的な園芸的農業であったが，現在は比較的，労働投入を必要としない農業となったのである。

2　輸送手段の発達

チューネンが考えていた主たる陸上交通手段は馬車であるが，現代では自動車，航空機などの交通手段の進展，高速道路の建設などの交通路の革新・整備が著しい。また，保冷車・冷凍車などの特殊自動車の普及，保冷・冷凍倉庫の利用，さらに保鮮流通のひとつとしての予冷出荷の採用などによる農産物の低温流通システムの確立など農産物の保存・輸送に関する技術的進展も顕著である。これらのことにより，チューネンが想定していた距離の制約の意味は希薄になっているのである。

この一例は，市場からの距離が大きい地域においても新鮮な野菜の出荷が行われるようになったことである。野菜は出荷されてから販売までの時間が，重要な商品価値の形成要因であるために，生産地と市場までの時間距離の短縮によって，出荷先が大きく変化することがある[9)]。時間距離の短縮は新しい交通路の開通によって達成される場合が多い。この具体例は次のとおりである。

1982年に開通した東北自動車道によって，岩手県北部の一戸町から東京への陸上輸送の時間はそれまでの17時間から8時間に短縮され，東京方面へ野菜を出荷できるようになった。これにともない，酪農・畜産主体の同町の農業は変容し野菜生産が多くなった。以前は同町からの野菜の出荷先の中心は盛岡，仙台などの東北諸都市であったが，東京方面への出荷が多くなった。一戸町だけでなく岩手県全体で，東北自動車道の開通以後，東京市場へ農産物の鮮度を落とさず余裕をもって出荷できるようなったために，「穀物中心の遠隔地型農業」から野菜・果物を取り入れた「中距離型農業」へ変質した。

新鮮な飲用生乳を市場に供給する「集乳圏」は市場への時間距離の制約が大きい。生乳は時間の経過とともに変質しやすいからである。輸送手段が発達していなかった時代においては，表1-1の搾乳の分布からも明らかなように，大市場から近い範囲が集乳圏であった。しかし，これも交通手段の進展によって大きく変化する。最近のこの事例は以下のとおりである。

北海道のホクレン農業共同組合連合会が，高速の牛乳専用輸送船（ホクレン丸）を北海道と関東地方の間に1993年に就航させた。この専用船は釧路港と茨城県日立港の間を20時間で走る。日立港からは高速道路で関東地方の乳業メーカーの工場にトラックで運ばれる。これによって従来の輸送より時間は3分の1に短縮された。それまでも北海道の飲用生乳の一部は北海道外へ出荷されていたが，鮮度の問題などでその量は多くなかった。北海道産の生乳の生産コストは輸送費を含めても本州以南のそれよりも低い。乳製品の原料としてよりも高く売れる生乳として，大市場である関東地方への出荷増大をねらったものである。輸送力の増強のために，1997年には２隻目の第２ホクレン丸を就航させ，２隻で毎日ピストン輸送している。

全国的に高速道路の整備がされつつある現代日本においては，日本のほとんどの地域は東京などの大市場への時間距離が20時間程度以内であり，新鮮な農産物を市場に出荷できる。この意味では日本の多くの農業地域は土地生産性が高い園芸地域になりうるといえる。

遠距離の輸送でも，航空機を利用すれば輸送時間を大幅に短縮できる。日本の空港整備と航空便の増加を背景として，農産物，とくに野菜や花卉の航空輸送が増加している。たとえば，北海道の中央部に位置する旭川市から関東地方や関西地方への飛行機を利用して野菜や花卉が出荷されている。航空輸送費は陸上輸送費よりもかなり高いが[10]，輸送時間の短縮による農産物の品質保持によって取引価格が高いので採算がとれるのである。

臨空型農業（フライト農業）は航空機を利用して農産物を出荷する態勢の農業であり，飛行場に近い地域に立地する。たとえば，高知県では1983年から高知空港がジェット化したことによってネギ，イチゴ，オクラなどを東京方面に出荷するようになり，空港周辺ではフライト農業が確立したところもある。このほか，秋田空港や福岡空港の周辺地域でも臨空型農業がみられる。

表１－２　外国産野菜の輸入事例（2000年）

品目名	輸入数量（万トン）	国内生産量に占める輸入量の割合（%）	主要輸入相手国と輸入総量に占める割合（%）
タマネギ	26.2	26	アメリカ合衆国（64.6），ニュージーランド（20.1）
ネギ	4.2	10	中国（98.5）
生シイタケ	4.2	63	中国（99.9）
ピーマン	1.6	12	オランダ（43.2），韓国（41.4）

出典：宮地（2003）などにより作成．

外国から日本への野菜の輸入が多くなってきている[11]ことも航空機による輸送など輸送手段の発達が関係している[12]。とくに中国からの輸入野菜量は急増した（1990年：11,518トン，2000年：363,216トン）。表1-2にあるように，外国からの輸入量が国内生産量の過半を占める野菜もある。このような傾向はさらに強くなると思われる。

3　他の土地利用との関係

チューネンの「孤立国」における都市を除く地域では，農業的な土地利用のみが行われていることを前提としている。しかし，実際には都市の周辺地域においても都市的な土地利用がみられる。とくに，日本の大都市地域においては農業的土地利用と住宅・工場などの都市的土地利用が混在している。このような地域には，上記のチューネン理論の前提条件があてはまらない。

シンクレアはアメリカ合衆国中西部の大都市近郊地域における農業の場合は，チューネン理論とは逆の農業地域構造がみられることを論じた。すなわち，大都市に近いほど農業は粗放的で土地生産性は低くなり，大都市から遠いところで集約的な農業が営まれるという，いわば「逆チューネン圏」を提示した[13]。

逆チューネン圏の形成要因として，シンクレアは農地の都市的土地利用への転換の期待の程度が農地の集約度に影響することを指摘した。つまり，都市に近く，住宅などの用地として農地をいつでも売却できる農民は，農地への資本・労働の投入を控える。しかし，都市から遠距離の農地の場合は，農地を都市的土地利用へ転換させることは困難である。すなわち都市化への期待はできないので農地を集約的に利用する。この期待が消滅した地点から，農業的土地利用は正常に（チューネン圏的に）展開する。このように，都市近郊地域における農業的土地利用は，農業以外の土地利用および農業以外の産業への就業機会との関連性から規定されているといえる。したがって，シンクレアは農業と他の産業との関係からチューネン理論とは異なる農業地域構造が形成されることを論じたといえる。

日本の都市化地域においても，農地が粗放的に利用されている場合がある。極端な場合は，まったく農業生産がされていない農地もみられる。この理由はさまざまであるが，通勤兼業により農業収入の必要性がないので粗放的に利用される場合もある。こうした農地は「社会的休閑地」ともよばれる。「社会的」とよぶのは，肥沃度回復を目的とする通常の休閑地と異なるからである。この社会的休閑地には，後述するような農業政策との関係で休閑地とする場合も含まれる。

大都市近郊の農業地域が都市に供給する主たるモノは，都市化の進展にともない一般に，農産物→労働力→土地と変化する[14]。チューネン理論はこのうち，農産物を都市に供給している段階を前提としている。これとは逆に，労働力を供給する段階，つまり兼業農業の場合や，農地を資産として運用する段階は，チューネン理論の前提を超えるものである。これらの段階では，農業の土地生産性は低くなることがある。この場合は，チューネン理論には適合せず，シンクレア・モデル（逆チューネン圏）のような状況も現れる。チューネン理論を現代の都市近郊の農業に適用する場合は，農業経営の面からのみでなく，農家の不動産経営なども含めた全土地経営の面から検討すべきである。

実際に，大都市近郊の農家では不動産所得が主たる所得源である場合が多い。所有する農地の一部をアパート・駐車場などに利用しての不動産経営からの収入がおもな所得源という農家がかなり多いのである。たとえば，東京都稲城市の市街化区域内の農家に対する調査（2001年）では，その41％の農家のおもな所得源は不動産所得であった[15]。

4　諸制度の影響

現代の日本の農地・農業経営はさまざまな法律などによる制度的な規制や保護を受けている。これらのいくつかはチューネン理論の前提条件に影響を及ぼしている。具体的な制度として，コメの生産調整制度（減反政策）と市街化区域内の農地制度がある。

a．コメの生産調整制度　日本のコメの生産と消費は政府によって統制されていた。生産者米価の決定は市場メカニズムによってではなく，食糧管理制度[16)]によって政策的になされていた。また，コメの生産過剰を調整するための制度が1971年から始まり，（2015年）現在も続いている。この制度は減反政策ともいわれ，全国的にコメの作付面積を減らし，かわりに麦，大豆，飼料用作物，果樹などを生産すれば転作奨励金を国が出すものである。この生産調整制度によって，2001年度には全国の水田面積の36％がその対象となった[17)]。このように，日本の農業生産額のなかで最大の生産額を占めるコメの生産を自由にできないような状況は，チューネン理論の前提とはかけ離れた状況である。

b．市街化区域内農地の制度　1968年に全面改定された（新）都市計画法によって都市計画区域は市街化区域と市街化調整区域に二分された。市街化区域の法的定義は，「すでに市街地を形成している区域及びおおむね10年以内に優先的かつ計画的に市街化を図るべき区域」である。この定義によれば，市街化区域に指定された区域の農地は，1980年代には市街化されていたことになる。ところが，実際には市街化されていない農地が多く存在していた。

このような市街化区域内農地の残存を可能にした制度的要因は，税制上の優遇措置である。すなわち，市街化区域内の農地でも長期営農継続農地と認定されれば，農地課税相当額を上回る固定資産税分については，税の徴収が猶予されていた。3大都市圏の市街化区域内農地面積の85%がこれに認定されていた（1988年）。これらの長期営農継続農地のかなり多くでは，労働・資本投入の低い農業的土地利用がされていた。こうした市街化区域内農地の集約度・土地生産性の低い農業経営の存在もまた，既述の逆チューネン圏の形成に寄与していた。

1992年の生産緑地法の改正によって，3大都市圏の市街化区域内の農地（約5万ヘクタール）は宅地並み課税となった。この改正は不公平税制のひとつである同地域内農地の低率課税を是正し，宅地供給を促すためである。ただし，30年間の長期にわたって農業を続けることを条件に，その農地を生産緑地（宅地並み課税をされない農地）に申請すれば，従来以上の低率課税ですむ[18)]。3大都市圏全体の該当農地総面積のうち，生産緑地として申請されたのは32%であった。この制度によって，市街化農地のかなりは生産性の高い農業を営むと思われるが，宅地並み課税を選択した農地はいつでも宅地などに転用できるので，粗放的な農業が営まれる場合もある。

c．最近の規制緩和　前述のように，日本の農業では企業的経営を行っている農家はわずかである。この根本的な要因は，政策的に企業的経営および大規模な農業経営を禁止してきたことにある。たとえば，農地法によって農地所有面積は制限されていた。しかし，最近は規制緩和がすすみつつあり[19)]，株式会社が農業経営をすることが可能になった。さらに規制緩和がすすみ，利益を指向する自由な農業経営をする企業的経営が多くなり，「産業として自立した農業」が実現した時に，チューネン理論と現実の比較が，実質的な意味をもつものとなるであろう。

〔注〕

1）自由式農業では主に野菜，花卉，牛乳を生産する。チューネンによれば，自由式農業圏は都市に近接しているために，肥料を都市から供給されるので地力回復のための休閑地が不要である。このため，休閑地や輪作体系から解放された，つまり作付順序に何らの拘束を受けないという意味で，「自由な」農業を営むことができる。

2）チューネンは「孤立国の平野は食料を供給するのみならず，薪，建築材，用材等に対する都市の需要をみたさねばならない」と述べている。当時のドイツでは木材に対する需要が高く，また木材の運送費は比較的高いので育成林業は第2圏に位置する。実際，ドイツでは都市の周辺に平地林が存在する。

3）輪栽式農業の特色は農地を4分し，4年のサイクルで以下の4つの利用形態を循環させることである。①夏穀用（オオムギ・えん麦などの春まき穀物），②冬穀用（小麦・ライ麦などの秋まき穀物），③牧草類用（クローバーなどの豆科），④カブなどの根菜類。穀草式農業との基本的なちがいは，純粋な休閑地のないことと根菜類の導入である。輪栽式農法への移行はイギリスでは18世紀の末から19世紀の中ごろにかけて，ドイツとフランスでは19世紀のはじめから末にかけてであり，この移行を農業革命という。

4）三圃式農業は広い永久（自然）放牧地と3区分した耕地からなる。3区分した耕地は夏穀用，冬穀用，休閑地の3年周期で輪作される。

5）たとえば，ライ麦の市場価格が低下し，1シェッフェルあたり0.5ターレルの価格の場合，本書の5頁の式からすれば三圃式の収益のほうが穀草式のそれよりも，わずかながら上回るのである。また，市場価格が1シェッフェルあたり1.5ターレルとした場合，農場の位置が市場から遠くなると，同様のことが生じる。これは，穀草式は三圃式より収穫量が多くなるために輸送距離の増大にともなう輸送費用の負担も三圃式よりも大きくなることと，三圃式よりも生産費を多く要することに起因する。つまり，市場からの距離が大きければ，三圃式が穀草式よりも優位になるのである。当時，先進的であった輪栽式農業と穀草式農業の間についてもこれと同様なことがいえる。これらのことは模式的に図1-2に示されている。

6）近藤康男は，この点についてつぎのように述べている。「すべての進歩は進歩の条件が備わった時はじめて可能である。これがチューネンの理論における中心思想でありテーア等に対する反対の根拠であり，『孤立国』の文化史的価値の存するゆえんである」（近藤，1974b）。

7）人がある距離を移動する，または人が物体を空間的に移動させるには，時間，費用，および労力（エネルギー）を必要とする。換言すれば，人やモノの空間的移動には時間，費用，および労力を要するという制約があり，その制約は移動する距離にほぼ正比例して大きくなる。本書では，この制約を「距離の摩擦（抵抗）」または「空間の摩擦」という。本書のなかの，チューネン，ウェーバーおよびクリスタラーの諸理論のいずれも，この空間移動の制約が（農業や工場などの）立地を規定することを基軸として理論を展開している（富田，1991）。

8）日本の総農家数は約312万である（2000年）。農家数は，自給的農家数（78万）と販売農家数（234万）に二分される。自給的農家とは，経営耕地面積が30アール未満かつ1年間の農産物販売金額が50万円未満の農家をいう。販売農家とは，経営耕地面積が30アール以上または1年間の農産物販売金額が50万円以上の農家をいう。販売農家はさらに専業農家と兼業農家に分けられる。

9）1975年に開通した中央自動車道の恵那山トンネル（全長8.6km）は長野県産の野菜の出荷先を大きく変えた。同トンネルの開通によって長野県の飯田市から名古屋までの所要時間は2時間短縮され，自動車で1時間半となった。これによって，伊那・飯田地区から名古屋・大阪方面への野菜の出荷が増大し，さらに長野県の野菜の翌日販売圏はそれまでの岡山県から九州にまで広がった。出荷先の空間的拡大にともない，生産量も大幅に増加した。この交通上の変革は長野県の野菜生産の歴史にとって，画期的な出来事であった。

10）旭川市から関西地方への輸送費は，航空機利用の場合は150円／kg であり，鉄道利用の場合（40円／kg）を大きく上回るが，出荷から販売日までの時間は2日間短縮できる（荒木，1996）。

11）野菜の輸入量と野菜の国内消費量に対する輸入量の割合は，1980年：49万トン，３％；1990年：155万トン，10％；2000年：300万トン，18％と増加した。輸入野菜の需要の中心は外食産業などの業務用である（矢野恒太記念会編，2005）。

12）生鮮野菜の輸入が多くなった背景として，輸送技術の革新と外国為替相場の円高化による輸入野菜の割安化，国内野菜産地の生産量の低下，輸入規制の撤廃などが指摘されている（伊藤貴啓，2002；宮地，2003）。なお，冷凍野菜の輸入も増加している。

13）シンクレアはアメリカ合衆国中西部における調査から，中心都市から周辺地域へ向かって，農業的土地利用はつぎのような５つの圏構造を示すとしている。①中心都市の市街地の端に位置した所では，農地の都市的土地利用への転換が進み，わずかにみられる農業は養鶏や温室野菜栽培である。②空き地が多くみられるほかに一時的と思われる牧畜もある。③粗放的な穀作と牧畜が行われ，通勤農家が多くみられる。④比較的集約的な穀作と酪農が行われている。⑤専門的に経営される混合農業（飼料穀作と家畜飼育）が営まれている。このうち，①は集約的であり，また土地生産性も高いが，②～⑤は逆チューネン圏構造を表すとした。

14）都市化の進展による農業地域の一般的な変容過程は以下のようであろう。都市的産業への就業機会の増大は農家の兼業化をひきおこす。兼業化は農業労働力の弱体化のみならず，農業技術発展の停滞，農業経営の粗放化をまねく。農業労働力の弱体化がさらに進めば，農地の都市的土地利用への転用がなされる。アパート，マンション，駐車場などに転用することにより，安定した高収益を得ようとする。

15）農家の主たる所得源は何かという選択式の回答結果（391戸に対する割合）は，つぎのとおりである。①農業所得：13％，②農外所得：28％，③不動産所得：41％，④年金や仕送りなどからの所得：６％，⑤無回答：12％。

16）食糧管理法の制定は1942年である。1969年に自主流通米の制度を認め，コメの全量管理制度を緩和した。これにより，コメの産地間競争が激しくなった。同法は1995年に施行された新食糧法によって大きく変わった。おもな改正点は，①自主流通米を中心とする民間流通を基本とする，②生産者の政府へのコメの売り渡し義務を廃止し，多様な流通ルートを認め，流通業者の許可制を登録制に改める流通の自由化，などである。

17）日本のコメの作付面積は1960年代の320万ヘクタール台から2001年度には170万ヘクタール台まで低下したが，収穫量の減少は少ない。これはコメの生産技術の向上や品種改良などによって単位面積あたりの収穫量が大幅に増えたからである。水田面積10アールあたりのコメの平均収穫量は，1950年：327kg，1970年：442kg，2000年：537kgと増加している。一方，日本の１人あたりのコメの年間消費量は，1960年の115kgから2003年には62kgへと半減した（矢野恒太記念会編，2005）。

18）東京都23区の農地の場合の試算結果はつぎのとおりである。宅地並み課税では1,000m^2で約４億6,000万円の相続税が，生産緑地なら56万円程度（世田谷区の場合）ですみ，また1,000m^2の固定資産税は前者では80万円程度だが，後者では１万円以内（練馬区の場合）である。

19）農地法は耕作者や農地の保護を目的に，農地の所有権移転や利用目的を制限している。1970年の同法の改正により，農地所有制限（北海道12ヘクタール以上，その他３ヘクタール以上）は廃止されたが，株式会社の農業参入は規制されてきた。2001年の農地法改正で，農業生産法人の株式会社化が認められ，さらに2005年からは一般の株式会社の農業経営が認められた。しかし，依然として株式会社は農地を取得できないという規制がある。

第2部　工業立地の基礎理論と実際

第1章　ウェーバーの工業立地理論の概要

1　工業立地理論の目的と理論の前提条件

1）理論の目的

ウェーバー（Alfred Weber：1868－1958）が1909年に著した『諸工業の立地について　第1部――立地の純粋理論――』は，工業立地に関する古典的な理論書である。ウェーバーのこの著作の目的は，当時のドイツにおける産業革命以降の近代工業の発展とそれにともなう人口の大規模な地域間移動，大都市における人口集積などの経済的な現象の空間的側面を，産業立地の観点から考察しようとしたものである。

ウェーバーは，諸産業の立地のなかで工業の立地を問題にした理由について，つぎのように述べている。「われわれは，チューネンの農業生産の立地に関する理論をもっている。しかしながら，われわれは工業の立地に関する理論をもっていない。しかも，今日のドイツ社会の大変動の過程を理解するためには工業立地論の方が一層重要なことは明らかである。大都市への人口集積という動態過程こそ解かれるべき現代の『謎』であると考える。その秘密は……工業部門とそれを支配する立地法則の中に見いだされるはずである」。

２）理論の前提条件

ウェーバーは理論の展開に先立って，下記のようにいくつかの用語の定義を行っている。

- 立地因子：立地する場所（地域）によって異なる費用項目を構成する要素。

この立地因子は一般立地因子と特殊立地因子に分類される。

- 一般立地因子：すべての工業に関係する立地因子。たとえば，輸送費，労働費，地代がこれに該当する。
- 特殊立地因子：特定の工業のみに関係する立地因子。たとえば，生産に及ぼす空中湿度である。

つぎに，一般的な工業の立地についての純粋理論の構築のために，ウェーバーは一般立地因子のなかの地域的因子としてとりあげるものを確定した。地域的因子は工業を特定の地点に立地指向させる立地因子である。

この確定の方法としてまず，工業製品の生産から販売までの過程における主要な生産費用を下記のように４つに整理した。

①　立地場所としての土地と物的固定資本の調達費用。

②　加工原料（原料，補助原料，半製品）と動力原料（石炭など）の調達費用。

③　素材加工過程における労働費。

④　生産物の出荷に要する輸送費。

ウェーバーはこれら４つについて，地域的因子として妥当するかを検討した結果，上記の①を除く他の３つを地域的因子と考えた[1)]。つぎに，②の地域的差異は観念上，輸送費の差異に置き換えることができると考えて，最終的に③の労働費と④の輸送費の２つを地域的因子として考察の対象にした。

ウェーバーは，工業の原料供給地の地理的分布を所与とするなどの前提条件をいくつか設けたうえで[2)]，理論構築をつぎの3段階に分けて進めた。

第1段階は，輸送費を除く費用の地域的差異はないと仮定して基礎的な工業立地論を構築する。すなわち，考察方法として孤立化的方法をとる。

第2段階は，第2の立地因子である労働費を考察の対象として，第1段階の結果である工業の輸送費による最適立地からの偏倚を論じる。

第3段階として，集積因子を考慮する。集積因子は生産の一部を集積地点に集中させることによって第2の「偏倚」をひき起こすからである。

2　輸送費指向論

輸送費のみを地域的因子として考えたとき，工業立地は所与の原料産地と消費地の下において，どの地点に決定するか。ウェーバーの輸送費指向論の基本的問題はこのようにいうことができる。この問題は，工業にとって輸送費負担が最小となる地点の考察によって解かれる。

ウェーバーは，まず輸送費を決定する本質的な要因を，輸送される重量と距離であるとし，これら以外の重要な事情（輸送手段の種類，輸送貨物の性質による輸送費の差異など）は輸送される重量と距離の形に換算できると考えた。

つぎに，工業生産に使用される原料の産出地の空間的分布の状態に着目して，以下のように工業原料を2つに区分した。

- 普遍原料：どこでも存在する原料（たとえば，空気）。
- 局地原料：特定の場所でのみ産出される原料（たとえば，鉄鉱石）。

局地原料については，さらに製品（中間製品を含む）への重量転化性によって以下の区分をした。普遍原料について下記の区分を必要としないのは，輸送費をとおして普遍原料を用いる工業の立地を考えることは意味がないからである。

●純粋原料：工業生産物のなかにその全重量が残る原料（たとえば，完成品にそのまま用いられる部品）。

●重量減損原料：工業生産の過程においてその重量の一部あるいは全部が減少する原料（たとえば，銑鉄生産の原料としての鉄鉱石）。

上記の原料の概念的分類を用いた，最も単純な場合の輸送費最小原理による立地法則は以下のとおりである。なお，工業製品の出荷される市場はひとつであり，また局地原料の産地もひとつであることを前提としている。

①　普遍原料のみを原料とする場合は，市場に立地する。

②　重量減損原料のみを原料とする場合は，原料産地に立地する。

これらの諸法則とは別に，原料指数（局地原料の重量／製品重量）の概念を用いることによって，つぎの一般的な立地法則を提示した。

原料指数が１以上の工業は原料地指向であり，それが１未満の工業は消費地指向である。原料指数が１の場合は，理論上は立地自由である。

この立地法則を実際の工業立地に適用した事例は，第２章の１で述べる。

3　労働費指向論

ウェーバーは輸送費について，労働費[3)]を立地因子として考えた場合について考察した。ウェーバーの基本的な考え方は，輸送費最小地点に立地するか，労働費低廉地点に立地するかは，両者の場合の費用節約の大小関係で決まるというものである。いいかえれば，低廉な労働費地点に立地することによって増加する輸送費よりも，それによる労働費の節約額のほうが大きい場合にのみ，労働費指向が成立する。

工業の種類により労働費指向かどうかを判別するための概念として，彼は「製品単位重量あたり必要な平均労働費」を労働費指数と名づけ，この指数が大きければ最小輸送費立地から低廉労働費地点への偏倚が生じる可能性が大きく，逆に小さければこの偏倚の可能性は小さいとした。しかし，労働費指数は労働費指向の可能性の大小を判別するだけであり，決定するものではないとウェーバーは考えた。というのは，たとえばある製品の労働費指数が高いとしても，この製品の生産に要する立地重量がきわめて大きいならば，輸送費最小地点を離れることは困難なためである。

そこで，彼は労働費の牽引力を示す一般的な指標として，労働係数（労働費指数／立地重量[4)]）を考案した。労働係数は立地重量１トンあたりの労働費を意味し，この係数が大きければ輸送費最小地点から離れる距離が大きいことを示し，小さければ輸送費最小地点への指向が強いことを示す[5)]。この労働係数を実際の工業に適用した事例は，第２章の２で述べる。

4　工業集積論

1）集積因子と分散因子

ウェーバーによる集積因子と分散因子の定義は以下のとおりである。

- 集積因子：一定量のまとまった生産がひとつの場所に集中して行われることから生じる生産上・販売上の利益（費用低廉化）。
- 分散因子：このような集中の分解に平行して生じる生産費用の低廉化。

a．集積の形態と利益　集積因子が作用する形態は２つある。ひとつは経営規模の拡大による生産の集積である。大規模経営は分散した小規模経営に対し，局地的な集積とみなされるからである。この集積が生じるのは，一般に「大規模経営の利益」「大規模大量生産の利益」からである。具体的にいえば，生産単位あたりの生産費用の低廉化をもたらす機械設備が使用可能となる集積の最小単位の存在などから大規模経営が生じる。

もうひとつの形態は，「多数の経営が空間的に集合している集積」形態である。この集積の利益としてウェーバーは以下の点をあげている。

① 機械の修繕を専門とする業種などが集積地区に成立し，これらを容易に利用できることによって生産費を節約できる。

② きわめて専門化した職業（弁護士や会計士など）が成り立ち，これを利用できる。

③ 大規模な取引による節約。原料の購入と生産物の販売による利益が，集積によって成立する原料取引市場や生産物取引市場を利用することによって得られる。

④ 一般間接費の低減。ガス，水道，道路施設などの費用負担が，孤立的な立地の場合よりも少ない。

b．分散因子の作用　分散因子の作用は集積そのものの大きさの結果として生じる，いわば「集積の反作用」である。その作用の仕方と強さは集積の大きさのみと関係がある。この反作用はすべて地価の高騰――集積による土地需要の増大によって生ずる地価の上昇――から生じる。すなわち，分散傾向はすべて地代の上昇に由来している。

分散因子の作用は，地代の高騰に基づく一般間接費，原料の貯蔵費，および労働費の上昇として現れ，これらが集積因子の力を減殺する。一般的に地代の高さは集積の大きさに平行するから，分散因子の作用もまた単純に集積の大きさに比例する。

2）純粋集積と偶然集積

ウェーバーは集積因子にもとづく集積とそれ以外の要因（地域的因子）による集積とを区別した。その定義は以下のとおりである。

- 純粋集積：集積因子の必然的帰結としての集積。具体的にいえば，前記の①～④のような集積の利益があることから生じる集積。
- 偶然集積：純粋集積以外の集積。たとえば，輸送費指向や労働費指向の結果としての局地的な工業の集中であり，集積そのものに利益があるかないかにまったく関係のない集積をいう。

ウェーバーは上記２種の集積のうち，純粋集積のみを対象として，輸送費指向的な工業が集積利益によっていかに影響されるか，また労働費指向的な工業がこれによっていかに影響されるかについて考察した。彼の基本的な考え方は，輸送費（あるいは労働費）指向による生産費用の節約額よりも集積による節約額が大きい場合に，集積が生じるという最小費用立地原則である。

5　ウェーバー工業立地論の要約とその意義

1）ウェーバー工業立地論の要約

既述のように，ウェーバーは工業立地の決定を輸送費指向，労働費指向，集積の３段階に分けて考察した。その考察の中枢部分は下記のように要約できる。

各種工業はまず「原料指数」に応じて，(a)原料供給地，(b)消費地，(c)中間地，のいずれかに立地する。しかし，労働費の地域差が著しい場合，労働費の占める割合が高い工業は輸送費指向を示すとは限らない。すなわち，低廉な労働費地区に立地することによって増加する輸送費よりも，それによる労働費の節約が大きい場合には，(d)労働供給地へ立地する。最後に，偶然

- ●輸送費指向型
  - 原料供給地立地型
  - 消費地立地型
  - 中間立地型（立地不定型）
- ●労働費指向型――労働供給地立地型
- ●集積
  - 偶然集積
    - 原料供給地集積
    - 消費地集積
    - 労働供給地集積
  - 純粋集積

図２-１　ウェーバー工業立地論の要約

集積と純粋集積に大別される集積の影響が考慮される。偶然集積は，輸送費指向または労働費指向の結果として，上記の(a)，(b)，(d)において生じる。以上のことは，図2-1のように表すことができる。

2）ウェーバー工業立地論の意義

ウェーバー理論の意義は以下のようにまとめることができる。

(1)　ウェーバーは，はじめて「孤立化的方法」を用いて工業立地を体系的に論じた。つまり，ウェーバーは工業立地理論の総合的な体系をはじめて打ち立てたのである。彼以後の工業立地論はほとんどすべてこの理論の展開の上に成立しているといえる。

(2)　ウェーバーの理論は，最小費用で財を生産する原則（最小費用立地の原則）および資源の合理的利用という経済合理性による行動の原則にもとづいているので，どこの国でも普遍的に適用できるという意義をもつ。

(3)　ウェーバーの理論のなかの諸概念や，各種の指数や係数は，工場立地の説明や立地計画に応用できる。また，集積論などの考え方も実際の工業集積を理解する上で有用である。

第2章　ウェーバー工業立地論の適用事例

1　輸送費指向論の適用事例

1）原料指数にもとづく業種別工業の立地

a．セメント工業　　セメント1トンを製造するのに，必要な主要原料は石灰石1.33トン，石炭0.43トン，および粘土0.35トンである。いずれの原料も局地原料と考えると，原料指数は2.11となる。したがって，原料産地，とくに使用重量の大きな石灰石産地に立地することが輸送費の点で有利である。実際，日本の大規模なセメント工場の多くは，石灰石産地近くに立地している。たとえば，北海道函館市近くの上磯町，埼玉県秩父市，高知県高知市，山口県宇部市，大分県津久見市などである。

なお，生産されたセメントの約70％は生コンクリートの原料として使用されるが，この生コンクリート工場はセメント工場と異なり，典型的な市場指向型の工場である。これは原料指数に関係するというよりは，生コンクリートの特性として，その商品寿命時間が短い（1.5時間ほど）ためである。

b．バター・チーズ工場　牛乳を原料としてバターやチーズを作る工場は原料地指向である。一般にバターとチーズを１トン作るのに，それぞれ牛乳を20トンと10トン必要とし，日本では原料としての牛乳は局地原料である。したがって，バターとチーズの原料指数はきわめて高い。実際にこれらの大工場が立地しているのは，日本最大の酪農地帯である北海道，あるいは大市場から離れたその他の地域において大規模に酪農を営んでいる近くである。

c．ビール製造業　ビール１トンを製造するのに要する主要原料は水約10トンとオオムギ・ホップなど0.035トンである。水を多く要するのは，ビールの醸造のほかにビールびんの洗浄や冷却用水などにも使用するからである。ビール製造の場合，水の質はとくに問題とされないので，普遍原料と考えてよいが，オオムギやホップは局地原料である。そうすると，ビール製造の場合の原料指数は0.035となり，明らかに消費地指向となる。

日本の大規模なビール工場の場合，理論どおりに大消費地に立地している。具体的にみると，札幌市，仙台市，東京大都市圏（東京都区部，府中市，横浜市，川口市など），名古屋市とその周辺，京阪神圏（西宮市，尼崎市，茨木市），広島市，福岡市，沖縄県などに立地している。大規模な清涼飲料の工場もビール工場の立地とほぼ同じ立地パターンを示す。

d．石油精製工場・石油化学工業　石油精製工場は原油を精製してガソリン，軽油，重油などの石油製品を生産する。石油化学工業は，石油を精製して得られるナフサを主原料にしてエチレンなどの石油化学基礎製品を製造し，さらにこれらを原料にしてポリエチレンなどの石油化学誘導品を生産する。いずれも主要原料は原油あるいはその精製品である。

原油は局地原料であり，しかも原料重量のほとんどは製品となるので，純粋原料に近い。つまり，石油精製工業・石油化学工業の原料指数は1と考えてよい。したがって理論上は立地は自由である。世界的にみれば，石油精製工場は原油産地（ペルシャ湾岸，メキシコ湾岸など）と大市場近く（ニューヨーク市など）の両方にみられるという点では理論と一致する。

日本の場合は，原油の99.7％を外国からの輸入に依存しているので，国内においては小規模のものを除けば石油精製工場の原料地立地はみられない。大規模な石油精製工場は千葉県千葉市，神奈川県川崎市，横浜市，三重県四日市市，大阪府堺市などに立地しており，大消費地に近接した臨海部における立地が特徴的である。石油化学工場（エチレンセンター）の立地も，千葉県市原市，川崎市，四日市市，岡山県倉敷市など太平洋・瀬戸内海沿岸の大都市に近い立地が多い。つまり，石油精製工場と石油化学工場は，東京湾・伊勢湾・大阪湾および瀬戸内海の3湾1内海に集中しているのである。

2）鉄鋼業の立地とその変化

鉄鋼業はその生産工程によって大きく2つに分かれる。ひとつは鉄鉱石などを原料として高炉で銑鉄を製造する段階であり，原料の減損が著しい。もうひとつはこの銑鉄を用いて鋼管，鋼板などを製造する製鋼・圧延の段階である。この場合は，原料としての銑鉄の重量減損はほとんどない。前者は高炉工場で製造され，後者は転炉や電炉を用いて生産される。

1910年代の日本における高炉工場のすべては原料地立地であった。一方，

表２－１　1910年代日本の製鉄所の立地

立地指向	操業開始時期	名　　称	所在地
原料地立地	1894	釜石製鉄所	岩手県
	1901	八幡製鉄所	福岡県
	1909	輪西製鉄所	北海道
	1916	＊小倉製鉄所	福岡県
	1918	＊東海鋼業	福岡県
消費地立地	1912	＊住友伸銅鋼管	大阪府
	1914	＊日本鋼管	神奈川県
	1916	＊川崎重工業	兵庫県
	1916	＊神戸製鋼所	兵庫県
	1918	＊鶴見製鉄造船	神奈川県

出典：和田（1986）より筆者作成.
注：＊製鋼・圧延工場.

製鋼・圧延工場のほとんどは消費地立地であった（表２－１）。製鋼・圧延工程では主原料である銑鉄の重量減損がほとんどないにもかかわらず，製鋼・圧延工場が消費地に多く立地していたおもな理由はつぎの２つであった。①銑鉄の輸送費よりも鋼管・鋼板などの輸送費のほうが割高であった。②製鋼の際の原料として銑鉄のほかにくず鉄が銑鉄の重量以上に必要とされたが，このくず鉄は大消費地で得やすかった。

1960年代以降，銑鉄から直接に半製品を製造する技術（連続鋳造）が導入され，現在の日本では粗鋼生産に占める連続鋳造化率は91％を超えている。連続鋳造設備を備えた工場を銑鋼一貫工場という。ここで，銑鉄を生産する高炉工場と銑鋼一貫工場の立地の変化を輸送費指向論から概観してみよう。銑鉄の主原料は鉄鉱石と石炭（コークス）である。官営八幡製鉄所が生産を始めた頃（1901年）は銑鉄１トンの生産に対し，鉄鉱石２トンと石炭４トンが必要であった。これらの原料使用量は生産技術の進展にともなって低下し，1930年代には鉄鉱石1.7トンと石炭2.2トンに，1960年代には鉄鉱石1.7トンと石炭1.2トンになった。鉄鉱石と石炭はともに局地原料なので，ウェーバー理論では高炉工場は原料地立地を指向する。しかし，このような技術革新による使用原料の減少は高炉工場の新規立地に影響した。

官営八幡製鉄所が建設された当時の高炉工場は上記のように，石炭の使用量が鉄鉱石よりも多かったために，“Iron moves to coal”「鉄は石炭に向かって動く」という原則にそった立地が多かった。ドイツのルール炭田近くに立地した鉄鋼業などがその例である。北九州の炭田に近い八幡製鉄所もこの例といえよう。また，1907年に北海道室蘭で創業された輪西製鉄所も石狩炭田など北海道の炭田を背景にしていた。

1930年代からわが国の高炉工場は市場立地へ移行した。すなわち，1936年に日本鋼管が川崎市に，1939年に日本製鉄が兵庫県姫路市（広畑）に高炉工場を建設した。第２次世界大戦後の高炉工場の新規立地の場合は，ほとんどが市場（消費地）立地型である。東京湾，伊勢湾，大阪湾，瀬戸内海の３湾１内海を中心とした太平洋沿岸に大規模な鉄鋼一貫工場が建設されたのであ

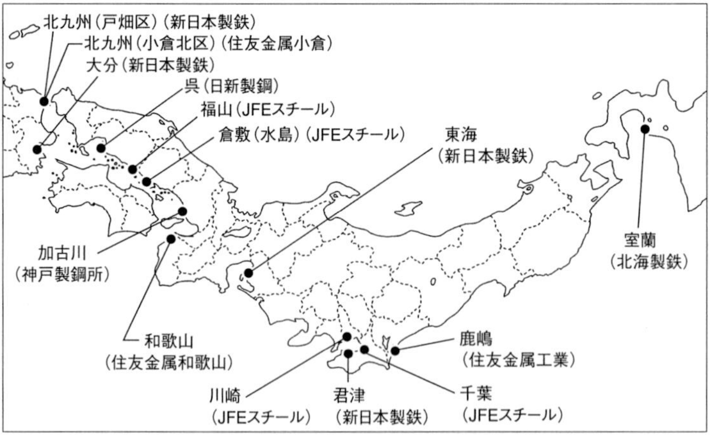

図２－２　鉄鋼一貫工場の立地（2004年）

出典：矢野恒太記念会編（2005）．

注：熔鉱炉内の容積が2,000 m^3以上の工場．

る（図２-２）。

市場立地へのこうした移行の大きな理由は，使用原料のほとんどを外国からの輸入が占めるようになったことである。原料の海外依存率をみると，鉄鉱石の場合，1960年：76％，1980年：99％，原料炭の場合は1960年：51％，1980年：89％であった。これらの原料のほとんどは，太平洋を経由して船舶で輸送されてくる。日本海を経由して輸入される原料はわずかであった[6)]。したがって，原料の輸送費用からみれば，太平洋・瀬戸内海の沿岸に立地する工場であれば，大きな差はない。それゆえ，生産物の主たる市場までの輸送費用が少なくてすむ大市場に近接した立地が有利となる。

2　労働費指向論の適用事例

１）労働係数による工業分類

労働係数が比較的大きい工業は紡績業，製糸業，織物業，精密機器製造，各種機械器具製造，楽器製造などであり，低廉労働供給地に立地する傾向が強いと考えられる。実際に，労働係数が高い（精密）機械部品工場やIC（集積回路）量産工場などの典型的な立地は低廉な労働力が得られる地域である。歴史的にみてもこうした事例は多くみられる。たとえば，アメリカ合衆国における織物工業がニューイングランド地方から労働費の安い南東部へ移動したことや，19世紀に大市場と安価な移民労働力という２つの要因からニューヨーク市に服飾工業が定着した事例などがあげられる。

これに対して，労働係数が低い高炉工場やセメント工場は，労働費指向は希薄であり，輸送費最小地点への指向，すなわち原料地指向が強い。

２）日本における工業の労働供給地指向

日本における第２次世界大戦後の工業立地の大きな動向は，３大都市圏

（太平洋ベルト地帯）への集積→大都市圏における工業集積地域の拡大と農村地域への工場立地といえる（第4章1参照)。このような動向はつぎのように説明される。

大都市において工業などが集積すると，労働力不足と賃金水準の上昇が生じる。そこで，低賃金の労働力を多く求める工業は地方・農村へ立地する。交通・通信体系の整備などがこれを促す条件であり，大都市圏における高地価などもこの動きを促進させる。しかしこのような，大消費地から離れた地域への工業立地は，輸送費最小地・工業集積地からの空間的偏倚であり，輸送費の増加や集積利益を享受できないことによる費用増加をともなう。このことから，地方に分散する工業は労働係数が高く，集積の利益を必要とせず，単純労働力の利用が可能な一部の製品や工程に限られる。つまり，工場の地域的分散は労働費・労働力指向の結果という性格が強いと考えられる。

労働費の地域格差はどの程度あるのだろうか。1980年代の工業従業者1人当たりの県別平均賃金をみると，かなりの地域格差があることが明らかである。すなわち，東京を中心とする関東地方から大阪をへて福岡県までの太平洋・瀬戸内海沿岸地域で高く，東北・山陰・南四国，南九州においては全国平均（100）の79％以下の水準である。ウェーバー理論どおり工業集積地域において平均賃金は高く，非工業集積地域においては低い傾向が明白である。製造業の女子パートタイム賃金の地域間格差を記載した表2-2も，ほぼ同様の傾向を示している。

このような地域格差の傾向は，本格的な工場の地方分散傾向がみられた1960年代以前からあった。それではなぜ，1960年代以前には低廉な労働力供給地である地方の農村地域への工場立地が多く生じなかったのであろうか。

これにはさまざまなことが関係しているが，ひとつの要因は全国的な出生率の変化である[7]。すなわち，1965年ころまで大都市圏で増加した工場雇用は，主として農家のあとつぎ以外の子女が大都市圏に移動することによって

表2-2　都道府県別製造業における女子パートタイム賃金（上位・下位各10県）

順位	都府県	1986年		2002年
		時給（円）	特別給（千円）	時給（円）
1	東　京	633	111	964
2	京　都	612	126	868
3	大　阪	610	121	853
4	神奈川	610	119	919
5	山　梨	605	100	868
6	埼　玉	588	112	863
7	千　葉	588	103	855
8	兵　庫	586	96	882
9	長　野	584	137	868
10	愛　知	578	123	847
⋮	⋮	⋮	⋮	⋮
38	宮　崎	497	74	701
39	鹿児島	494	72	709
40	鳥　取	492	55	833
41	長　崎	491	88	725
42	佐　賀	488	63	760
43	徳　島	486	38	803
44	愛　媛	481	84	764
45	大　分	461	53	710
46	青　森	449	27	698
47	岩　手	440	49	711
	全　国	575	103	836

出典：労働省「賃金構造基本統計調査報告」など.
注：1）特別給：1年間の年間賞与とその他特別給与の金額.
　　　2002年の特別給の記載は省略.
　　2）順位は1986年の時給の金額による.

充足されていた。この労働力移動は農家世帯の子女の数が多いことを基盤としており，日本の農業経営の多くが零細規模の生業的経営であり，雇用吸収力が小さいことを背景としていた。ところが，1955年ころから全国的に出生率の低下が始まり，その世代の子女が中学・高校を卒業しはじめた1970年代はじめから，新規学卒労働力の大都市圏流入の絶対数は減少した。農家世帯あたりの構成人数の減少により，余剰労働力の産業間・地域間移動が困難となったのである。このために，既存の工業集積地域に労働力をよびよせることが難しくなり，農村地域に工場を立地して労働力の確保を図らねばならなくなったのである。農村地域に立地すれば農家人口の通勤兼業が可能であり，農家の主婦なども工場労働力として利用できるのである。

以上のことから，1960年代より以前に農村地域に工場があまり立地しなかったのは，大都市圏において農村の余剰労働力を工場近くに引きよせることができたからであるといってよい。言いかえれば，工場側は農村地域へ立地する必要性が希薄であったからといえる。これが逆転して労働供給地への立地が多くなったのは，交通手段の発達や第５章で述べる工場立地に関する政策の寄与もある。

労働費の地域格差を要因とする工場の立地傾向の変化は，他の国でもみられる。たとえば，1970年代以降のアメリカ合衆国の南部における工場立地の増加もこの例である。

3）労働費の国際間格差

労働費の国際間格差は大きい。この格差から生じる労働費指向にもとづく国内企業の本格的な海外進出は1970年代から始まった。1970年代前半以降に主に東南アジア諸国へ低廉な労働力を求めて多くの工場が進出したのであ

表２-３　アジア各国における製造業の賃金格差（2000年）

（１人１カ月あたり）

	円換算（円）	指数（日本＝100）
日　本	355,500	100.0
インド	3,787	1.1
韓　国	152,143	42.8
タ　イ	17,780	5.0
中　国	9,492	2.7
マレーシア	52,042	14.6

出典：矢野恒太記念会編（2002）により作成.

る[8)]。1985年以降の為替相場における円高傾向がさらにこの傾向をうながし，製造業の国内空洞化が進行している。

表２-３のアジア各国の製造業の賃金格差の資料によれば，インド，タイ，中国などでは日本との格差がきわめて大きい。理論的にいえば，労働集約的な（労働係数が高い）業種はこれら低賃金諸国への工場立地をすすめることになる。

この実際の例として，冷凍食品・冷凍水産品の製造・販売業の㈱加ト吉の中国進出についてみてみよう。加ト吉は中国での生産を1994年から本格化した。そのおもな理由は，日本とくらべると人件費に大きな差があり，労働力の確保が容易であるからである。製品の輸送費についてみると，中国山東省の工場から東京までのコンテナ輸送費と，加ト吉の主力工場[9)]のある四国から東京までのトラックによる輸送費とは，ほとんど変わりない。したがって，労働費と輸送費の両方を勘案しても中国における生産費用のほうが日本よりも安いのである。換言すれば，人件費の分だけコストを削減できることになる。ウェーバー理論では，「低廉な労働費地点に立地することによって増加する輸送費よりも，それによる労働費の節約額のほうが大きい場合に労働費指向が成立する」が，上記の事例はこれに該当する。

中国への日本の製造業進出の一般的な理由は，上記の労働費・労働力であるが，このほかの理由として，①取引先企業の中国への移転立地にともなう追随的進出もある。これは中小企業に多い。また，②中国が巨大な市場となることを考慮して，という場合もある。これらのいずれについても，ウェーバー理論の輸送費指向論あるいは労働費指向論から説明できる。

3　工業集積論の適用事例
――京浜工業地帯における工業集積――

京浜工業地帯における工業の集積のプロセスとメカニズムをウェーバーの集積論の概念などを適用して述べてみよう。

京浜工業地帯の原型が形成されたのは，1910年代である。この時期に完成した神奈川県川崎市～横浜市鶴見地先の埋め立て地に多くの大規模な近代工場が立地したのである。これに先立つ明治時代末期に川崎市と横浜市は工場誘致の条例を設け，工場立地を行政的に促進させた。第2次世界大戦の終わりまでに，さらに臨海部の埋め立てが進み，鉄鋼，化学，造船，製油，重機械などを中心とする臨海型の重化学工業が集積した。また，1930～1940年代には東海道線沿線や南武線沿線の内陸部（川崎市，横浜市，藤沢市，平塚市など）にも，主として機械工業が立地した。こうした工業集積により，京浜工業地帯は第2次世界大戦中に，軽工業中心であった阪神工業地帯の工業製品出荷額を上回り，日本第1の工業地帯となった。

上記の工業集積に寄与した最大の立地条件は，国内最大の市場（労働市場の意味もある）である東京に近接していること，および横浜港に近接し，船舶による原料・製品の輸送に便利であったことといえる。ウェーバー理論によれば，この場合の集積は「輸送費指向」の結果としての「原料供給地集積」および「消費地集積」という「偶然集積」である。原料供給地集積は，外国から原料を輸入する工業にとっては輸入港が原料供給地となり，そこに立地することにより原料輸送費を最小化できることから生じる。

このように，「偶然集積」の面が強かったと考えられるが，「純粋集積」という面もある。とくに，一定の工業集積が確立してからの一層の工業集積はこの「純粋集積」の面が強いと考えられる。すなわち，偶然集積に純粋集積が付加された集積＝「混合集積」のプロセスを示したといえる。

第2次世界大戦後も，京浜地域の埋め立ては大規模に行われ，大型の素材型製造工場（石油化学コンビナート，石油精製）や火力発電所などが立地した。内陸地域における工場の展開も，とくに1960年代以降著しく，神奈川県相模原市・厚木市などで加工型重工業（自動車工業などの輸送用機械器具製造，電気機械器具製造など）が集積した。この時期の集積も，「混合集積」であると考えてよい。

1970年代以降，京浜工業地帯の臨海部における工場集積は停滞・低下している。これも基本的にはウェーバーが論じたように，「分散因子」の作用が地価の高騰や労働費の上昇として現れ，集積因子の力を低下させている結果と考えてよい。しかしこの集積の停滞・集積低下は，日本の産業構造の変化と第5章2で述べる工場立地に関する法的規制も関連している。

第3章　ウェーバー以後の工業立地論

ウェーバーの工業立地論以後，多くの研究者によって工業の立地理論が考察された。以下ではこれらのなかで，①立地因子と立地条件の関係，②スミスの工業立地論，および③集積論の展開について概説する。

1　立地因子と立地条件の関係

産業の立地を検討する時に，立地条件ということがよくいわれる。立地条件はすでに述べた立地因子と混同されている場合もあるが，立地条件の定義は，「立地主体にとっての効用，利益，満足などに対して，他の場所とは違った影響を及ぼす，ある場所のもつ性質あるいは状態」である（西岡，

表２－４　工業における主要な立地条件

１）市場……需要（規模，安定性，成長性），近接価値.
２）用地……面積，価格，法的規制，地盤，地形，調達容易性（所有関係など）.
３）用水……水量，水質，価格，安定性，調達容易性.
４）原材料……量，質，価格，調達容易性・安定性，近接価値.
５）労働力……量，質，種類（性別，年齢，気質，通勤可能性），賃金，調達容易性，労働組合関係.
６）税金……地方税，減免税措置，公的資金援助.
７）交通・通信〔道路，鉄道，港湾，空港，郵便，電話〕……（略）
８）情報機関〔大学，研究所，官公庁，業界団体など〕……（略）
９）関連産業〔協力企業（外注企業），競争企業〕……（略）
10）自然環境……景観，気温，雨量，湿度，晴天日数，積雪・濃霧，地震など自然災害.
11）生活環境および地域社会……学校，病院，レクリエーション施設，上下水道，電気，ガス，地元当局および住民の受け入れ態度・協力性.

出典：西岡（1976）をもとに筆者作成.

1976)。工業における主要な立地条件は表２－４のように整理できる。前述の立地因子の定義から，立地条件は立地因子を介して経済機能の立地を左右すると考えてよいであろう。

何が立地条件であるかは，立地主体が何であるかによって異なる。すなわち，産業，業種により異なる。たとえば，降水量は農業にとっては立地条件であるが，多くの工場にとって立地条件とはいえない。また，多くの立地条件のなかで重要な立地条件が何かということも，同様に産業・業種によって違う。こうしたことから，「立地条件」とは立地主体が立地する場所に対して求める条件であるとみることもできる。

立地条件と前述の立地因子の関係を考えると，つぎのようにいえる。ある立地条件（たとえば，市場に近いという条件）は，一定の立地因子のみに結びつくわけではないし，また逆にある立地因子が一定の立地条件にのみ関連するわけではない。立地条件と立地因子との関係は多角的である。

２　スミスの工業立地論

スミスの工業立地論は，費用最小地点を理論的にもとめるというのでなく，工業が長期的に立地できる空間的限界をもとめるという点で，ウェーバー理論の前提条件を緩和した前提で考えたものである。この基本的な考え方は以下のとおりである。

工場の生産費用は，原材料や製品の輸送費の関係から，立地する場所によって異なる。同様に，工場の収入もまた場所ごとに異なる。それゆえ，最も利潤をあげうる立地は明らかに，総収入が総費用を超過する金額の最大であるところである。

いま仮に，都市Oからの距離によって工場の生産費用は図２－３(1)のAC（空間費用曲線）のように変化するが，工場の収入はP（空間収入曲線）のように都市からの距離によって変化しないと仮定した場合，最大利潤を示す地点はOであり，利潤の最大化を前提とすれば，Oが最適立地となる。ところが，最大利潤を立地の前提としなければ，O以外の地点にも立地は可能である。工場の立地の前提を利潤が得られることとすれば，立地の可能な範囲は図のMa～Mbである。この範囲が「利潤可能性の空間的限界」つまり「立地可能な地域」なのである。

費用と同じように収入もまた場所ごとに変化する。この場合の例は図２－３(2)である。この図でも，立地可能な範囲は図のMa～Mbである。図中で最大の利潤を得る

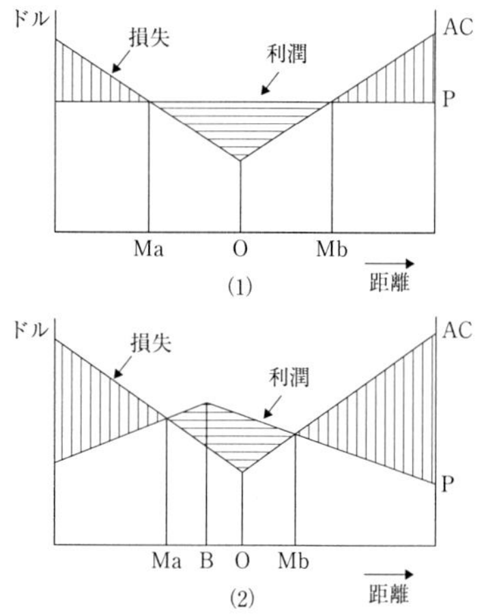

図２－３　工場立地の利潤可能性の空間的限界図

出典：スミス著，西岡他訳（1982）.

地点は最大の収入地点Bでなく，費用が最低地点であるOであることが示されている。

この空間的限界モデルは，企業経営的な工場が段階的な立地選定――①地域選定と②地点選定――をする場合の，①のレベルの立地を考えるのに有効である。

3　集積論の展開と外部経済型工業

ウェーバー以後，工業集積論の展開に大きな寄与をなしたのはフーバーである。フーバー以後，最も広く採用されている集積の大分類は表2-5に示されているように，大規模経営，同業種経営の地域的集中，異業種経営の地域的集中である。現実の工業集積はこれら3種のうちのいくつかが組み合わさっていることが多い。

異業種経営の地域的集中に依存する工業を外部経済型工業という。外部経済型工業の製品の基本的特徴は，その需要が多種多様で変化しやすいことに起因する不安定性・不確実性である。この典型はファッション性の高い婦人服製造や規格化されないものの出版・印刷業である。これらの工場は，必要性が起きるごとに外部の専門の業者に依存して自らの必要性を満たすのである。このように外部経済に依存する程度が高いゆえに，異業種集積が低いと

表2-5　集積の分類と性格

集積の分類	集積の利益とその性格
大規模経営	規模の利益……………………企業にとって内部的利益
同業種経営の地域的集中 （地域特化）	同業種集積の利益…………企業にとって外部的利益・産業にとって内部的利益 （地域的集中の利益）
異業種経営の地域的集中 （都市化）	異業種集積の利益…………企業と産業の両方にとって外部的利益 （都市化の利益）

出典：西岡（1976）をもとに筆者作成.

ころでは活動がきわめて困難となるのである。こうしたタイプの工業を「大都市型工業」ということもある。

上記の「異業種集積の利益」の本質は「接触の利益」と考えられている。すなわち，大労働市場，下請関連企業，金融，運輸，行政サービスなどの所在地に企業が立地すると，それらに容易にアクセスできることから生じる費用の軽減，生産・流通時間の短縮などの利益を享受できるのである。この異業種集積の利益は工業部門だけでなく，他の産業部門にもあてはまり，現代の大都市への産業集積を理解するのに重要な概念となっている。

第４章　現代日本の工業立地の実際

1　日本の工業立地動向とウェーバー理論

第２次世界大戦後の日本の工業立地の動向を略述し，さらにその動向の背景・要因をウェーバー理論を適用して検討してみよう。

ａ．1950年代　1950～1960年の間に日本の工業従業者数は２倍に増加したが，その増加の中心は３大都市圏を中核とする太平洋ベルト地帯においてであった。この背景として，第２次世界大戦前からの既存の工業集積を利用して敗戦後の日本の工業の回復を図ることが投資効率からみて有利であることから，この地域を対象とした積極的な工業集積政策がとられたことを指摘できる。

この時期の太平洋ベルト地帯における工業集積を主導した工業は，つぎの２つである。その第１は，鉄鋼，石油精製，化学工業に代表される「基礎的原材料・補助材料」生産部門である。これらは，石油・鉄鉱石などの原・燃料の輸入依存が本格化すると，港湾設備を備えた臨海部では原料は「普遍原料」となり，その立地指向は「原料地立地」よりも「市場（消費地）立地」となる。この原・燃料のおもな輸入先は太平洋岸諸国であったため，第2次世界大戦前よりも日本の太平洋沿岸の地理的有利性が高まった。こうしたことから，大市場に近い東京湾，伊勢湾，大阪湾，瀬戸内海の3湾1内海の沿岸に臨海型工業の集積が進展したのである。要するに，この集積は「輸送費指向型」の工業集積といえる。

第2は，産業機械，自動車，家庭用電気機器などを代表とする機械工業である。機械工業の使用するおもな原材料は鉄鋼や金属製品などの「純粋原料」である。したがって，ウェーバー理論によれば「消費地立地」指向を示す。さらに，機械工業は一般に多くの関連部門，部品工場，下請部品を必要とするために，既存の機械工業の集積地域＝大市場への立地指向を示す。これは「同業種集積の利益」を指向することと同義である。また，機械工業は労働集約的であるので，労働力指向的である。このような機械工業の立地指向から，機械工業の歴史的な集積が大きく，労働力集積地域＝大市場でもある，東京圏を中心とした3大都市圏に集積したのである。

b．1960～1970年代　1950年代末から工業の大都市圏への集積が大都市における過密の原因として問題とされはじめ，1960年代に工場の地方分散が政策としてとりあげられた。たとえば，1962年には3大都市圏以外の地方の工業開発を目的として新産業都市建設促進法が制定され，多額の公共投資が指定地域（青森県八戸地区，秋田湾地区，富山・高岡地区，大分地区，日向・延岡地区など）に投じられた。

しかしこの成果は十分ではなく，太平洋ベルト地帯への集積が進行した。同時に，首都圏および近畿圏における工場立地規制制度などによって，既存工業集積地域からの工場の移転もみられた。これら移転工場の多くは既存集積地域から遠くない内陸地域への移転であった。工場の地方立地もかなり進展したが，これに寄与したのは「労働力供給地指向」の性格が強い機械器具製造，とくに家庭用電気機械製造やその部品工場であり，おもに農村地域の（主婦）労働力を利用した立地であった。こうした地方立地の要因は豊富な労働力と低廉な労働費であった。

1970年代は工業の本格的な地方分散，および大都市圏から一層遠方への立地展開がみられた時期である。すなわち，京浜地域を典型とする既存工業集積の本格的な外延的拡大の時期といえる。これに該当する地域の代表として，北関東地方，南東北地方，甲信越地方があげられる。

1970年代以降の工業の地方分散は，日本の工業の中心がそれまでの大規模装置型工業から高度組立型工業に移ったことが影響している。すなわち，電気機械，自動車，ICなどの加工型組立工業は，鉄鋼業や化学工業のように臨海部に立地する必要性はないので，内陸部や地方への立地が容易であった。3大都市圏から遠隔地である南九州や北東北地方における新しい工場立地もかなりあるが（その典型は，IC組立工場），これらの多くは低廉な（とくに女子）労働力指向の結果である。しかし，部品製造でなく，完成品製造工場の地方立地もこの時期にみられた。たとえば，九州ではじめての自動車完成工場（日産自動車）が1975年に福岡県刈田町に立地したが，この場合も労働力供給地指向的な立地という面があった。

c．1980年代以降　1980年代以降における基本的な動向は1970年代のそれと大きな差異はない。このような動向の結果，2大工業地帯である京浜工業地帯（東京都，神奈川県）と阪神工業地帯（大阪府，兵庫県）の工業出荷額のシェアはともに，2003年には1960年の半分程度にまで低下した（表2-6）。北九州工業地帯（福岡県）と北海道のシェアも低下した。これら以外のほとんどの地域のシェアは増加した。とくに大幅なシェアの増加がみられたのは，東北地方，関東地方（東京都，神奈川県を除く）および愛知県である。したがって，工場の全国的な地方分散が進展したことがわかる。

表2-6　製造品出荷額の地域別割合の推移

(%)

	1960年	1980年	1992年	2003年
北海道	2.6	2.4	1.9	1.9
東北地方	2.9	4.1	5.1	5.9
関東（東京都・神奈川県を除く）	6.9	16.0	17.2	17.9
東京都・神奈川県	24.7	17.5	14.9	11.0
北陸・甲信越地方	5.3	6.0	6.8	7.2
静岡・岐阜・三重県	7.2	8.0	9.2	10.4
愛知県	9.1	9.6	11.5	13.0
京都府・滋賀・奈良・和歌山県	4.5	5.0	5.4	5.3
大阪府・兵庫県	20.9	14.1	12.2	10.2
山陰・南四国地方	1.1	1.3	0.8	1.0
瀬戸内地方	8.0	9.7	8.9	9.3
福岡県	4.2	2.7	2.5	2.6
九州（福岡県を除く）	2.6	3.6	3.6	4.3
計	100.0	100.0	100.0	100.0

出典：工業統計表より作成.

1980年代以降の東北地方における工業立地は，高度経済成長期における同地方への低賃金労働力を求めたものとは異なるケースも含まれている。すなわち，電子部品，通信機器などの先端産業の最新鋭工場や研究開発型工業の進出もみられる。

1993年に福岡県北部に位置する宮田町でトヨタ自動車の完成車工場が操業を開始した。トヨタ自動車はそれまで豊田市を中心とする愛知県内にすべての完成車工場と多くの系列部品メーカーを集中立地させ，愛知県外への完成車工場の立地はこれが初めてであった（図2-4参照）。愛知県外への立地の大きな理由は，労働力の確保であった。トヨタの九州への進出にともない，トヨタの系列部品メーカーの工場も九州に立地した[10)]。

d．まとめ　以上のように，1950年代以降の日本工業の空間的分布は3大都市圏を中核とする太平洋ベルト地帯を基軸とする構造から，全国的な分散的構造へと変化した。しかし，3大都市圏（とくに東京圏）の周辺地域への空間的拡大を特徴とする構造であり，国土の縁辺地域まで含む分散的構造

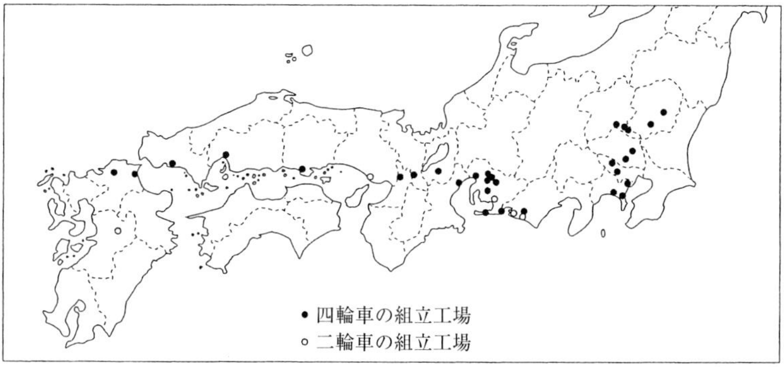

図2－4　自動車組立工場の立地（2004年）

出典：矢野恒太記念会編（2005）.

とはいえない。

上記の工業立地の基本的動向は，ウェーバー理論を適用すればつぎのように説明できる。すなわち，既存工業地域においては工業集積の進展にともない分散因子が作用し，工業集積が停滞した。一方，交通手段の進展と労働力の不足という社会的条件の変化によって，輸送費因子の作用が弱くなったのに対し，労働費因子の作用が強くなり，既存集積地域の周辺地域を中心とした広範な地域への工業の分散傾向が生じた。この分散の地域的範囲は，労働費と輸送費の両方を勘案して，利益が得られる空間的限界内といえよう。

2　中小工場の立地事例

1）非自立的産業としての農村工場

1960年代以降に農村地域に立地した中小工場の多くは，低廉な労働力確保という労働費指向の性格が強い。こうした工場の特性およびその労働者の賃金の実態を山形県北部の最上地方における研究から概観する（末吉，1999）。

a．山形県最上地方の事例　山形県新庄市を中心都市とする最上地方においては，電気機械工業・衣服工業などの労働集約的部門を主とする工場が1970年代から多く立地した。これによって，この地方の製造業従業者数は1967年の3,300人から1985年には10,400人へと増加した[11]。最上地方に立地した電気機械工業の典型はつぎのとおりである（末吉，1999)。

本社および本社工場は東京圏にあり，製品の最終組立は本社工場で行い，最上地方に進出した生産子会社では部品製造と単位重量の軽い製品の量産組立を行っている。このような1企業内における分業体制を「企業内地域間分業[12]」という。こうした生産子会社は，同一地域内で下請工場を利用する場合が多い。これらの下請工場は1次下請と2次下請に分かれ，多くは単一の親工場からのみの受注生産を行っている。1次下請工場の従業者規模は50～100人が多く，2次下請工場のそれは20人程度が多い。

電気機械関連の下請工場の従業者の中心は25～44歳の女子労働力であり，農家主婦層が多い（表2-7）。とくに，2次下請では女子労働力の比率が高い。これらの工場は1集落に1～2工場の割合で分散的に立地して，通勤圏の狭い農家主婦労働力の確保に努めている。賃金水準は全国的にみればかな

表2-7　山形県最上地方における電気機械工場の女子就業者の賃金水準事例

工場記号		従業者数	平均年齢	日給（円）	農家率（%）
一次下請層	a	91 (60)	33	3,600～	90
	b	148 (110)	35	3,800～	57
	c	31 (26)	36	3,800～	90
	d	86 (74)	39	3,900～	80
	e	265 (196)	35	4,000～	72
二次下請層	1	18 (15)	37	3,300～	100
	2	15 (13)	40	3,200～	40
	3	20 (19)	36	3,700～	100
	4	19 (17)	38	3,400～3,600	76
	5	16 (11)	46	3,200～	100

出典：末吉（1999）より筆者作成.
注：1）カッコ内は女子従業者数.
　　2）農家率は，従業者数全体に対する農家世帯員の割合.
　　3）給与形態はすべて日給月給である.

り低い[13]。要するに，最上地方のこれらの工場の存立基盤は農家主婦層の低賃金雇用であるといえる。

低賃金にもかかわらず，農家主婦層が工場で就業する理由について労働力を供給する農家側からみるとつぎの２つがある。第１は，圃場整備と機械化による余剰労働力の発生である。とくに主婦労働力は農業の補助的労働力であり，比較的農外就業を通年で行いやすかった。第２は，米の生産調整制度などによる農業の経営環境の悪化である。水田単作を特徴とする最上地方の農業においてはこの影響が大きく，また農業機械導入などにともなう借入金の返済もあり，とくに下層農家では農外収入を得ることが家計維持のために重要となった。

b．非自立的工場の立地基盤　最上地方における地域外の資本により立地した工場およびこの関連下請工場の多くは「非自立的産業」のカテゴリーに属すものである。非自立的産業とは，資本の下部組織に組み込まれ，それ自体では独自の発展が不可能な産業である。

非自立的工場の具体的な特徴として以下のことが指摘される。①生産や給与の形態・水準は本社あるいは親工場によってコントロールされている。②原材料は親工場から支給され，加工した製品は親工場へ直接納入され，財の地域内循環はない。③専属的な受注関係が多いことなどから，独自の技術的革新はできない。

こうした諸特徴をもつ非自立的工場が多いのは国土の周辺地域である。労働市場の観点および立地する経済主体からみた，東京圏などの中核地域と周辺地域，さらにこれら両者の中間地域（県庁所在都市）における特徴は表２-８のようにまとめられる。周辺地域の労働市場は，低賃金，ルーティン的，不安定的・非組織的などの特性をもつ。こうした特性を利用する形での工場，すなわち非自立的工場の立地がとくに1960年代以後に全国的に展開し，これが工場の地方分散の多くを占めていると概括できる。要するに，労働集約的

表2－8　地域労働市場の特性

地　域	特徴的な経済主体	労働市場の特性			
		需給圏	職業の特性	労働者の特性	労働条件
中核地域 （3大労働市場）	大企業の本社・支所	全　国	多種多様な 職業，専門的・ 管理的職業	高熟練 安定的 組織的	高給与
半周辺地域 （県庁所在都市圏）	大企業の支所 中小企業	県域・ 都市圏	↕	↕	↕
周辺地域	小企業 非自立的産業	生活圏	限定的職業 ルーティン的・ 生産的職業	未熟練 不安定的 非組織的	低賃金

出典：友澤（1999）をもとに筆者作成.

な（労働係数が高い）衣服製造や電気機械の生産子会社・下請工場は「労働費・労働力指向」の立地展開をしているのである。

2）大都市における工業集積――東京の城南地区における集積――

東京都区部や大阪市などの日本の大都市では，大工場の数は大幅に減少した。しかし，中小工場を中心にした製造業の生産活動は依然として活発である。大都市の工業の一般的な特徴は多様な業種の中小工場が多いことである。

多種多様な東京区部の工業のなかから城南地区の機械工業の集積がなぜ形成されたのかについて概説する。東京の城南地区（品川区，目黒区，大田区）には機械・金属工業が集積している。とくに，大田区には約6,100（2000年）の小零細規模の工場を主体とする機械・金属関係の工場が集積している（従業者数1～9人の工場が全工場の82％を占める)。主な生産品目は電気機械や一般機械の部品生産であり，機械工業の底辺産業を形成している。これらの部品の組み立ては，川崎市，相模原市，厚木市など東京圏の周辺に分散立地している大工場によって行われ，城南地区の工場はこれらの下請的存在である。

このような下請的部品製造を特徴とする城南地区の機械部品工場と，前述の山形県最上地方におけるそれとには，基本的な差異がある。その主要な点は城南地区の機械関連工場は，①生産における技術水準が高いこと，および②多様な機械関連業種が地区内に集積しており，それらに「交錯的な結合関係」があることである。

上記の①が最も強く城南地区の機械工業を特色づけている。このような技術水準の高さは歴史的な技術の蓄積ともいえようが，実態的にいえばつぎのようなプロセスから形成された。城南地区の零細機械工場は京浜工業地帯の中心部に位置することから，多種類の産業機械を中心に自動車，重電気，家庭用電気機器などに関連するきわめて雑多な部品・部品加工の注文が存在したために，多種類の製品の部品を同時並行的に受注し加工することができた。こうしたことが機械関連工場の分業を促進したといえる。

この結果，各工場は独自の高度な技術の追求と確立が可能となり，零細工場でも特定の加工工程に特化することができたのである。言いかえれば，個々の工場はそれぞれ得意の分野をもち，集積地区全体としてどのような要求にも応じられる形を構造化しえたのである。しかし，1990年代以降は受注先の大工場の海外移転や不況によって工場数は減少してきている（1983年から2000年の間に約3,000の工場減）。

以上のように，城南地区の機械工業は零細規模の工場を主体とする同業種の工業集積であり，多種・少量生産と交錯的な生産結合を特色としている。この集積地区からの空間的な逸脱は経営コストを増大させたり，生産活動に重要な支障をもたらすことが多い。ここに大都市における同業種の零細工業の集積が形成・維持される最大の要因がある。ウェーバーの概念を用いていえば，この集積は純粋集積の例といえる。

大阪府東大阪市における機械関連工場の集積の経緯および現状[14)]も上記の城南地区の場合と同様である。東大阪市の工場も中小規模の工場が多く（従業者数300人以下の工場が全体の99.9%），業種，技術水準，需要分野などの面で多様な工場が集積し，国内の市場シェアが第1位の企業も多い。こうした集積から「歯ブラシから宇宙ロケット」まで多種多様な製品を生産できる工業集積地域として知られている。

第5章　工業立地に影響する他の要因と大工場の立地事例

現実の工業の立地は理論どおりでない場合も多い。本章では現代日本の工業を念頭において，これまで述べてきた理論的考察では考慮されていない工業立地に影響しているいくつかの条件・要因について述べ，さらに最近の大規模工場の立地事例を紹介する。

1　技術的進展と輸送手段の発達

1）技術的進展

製造工程における機械化などによる省力化・省人化は労働節約効果をもたらし，工場立地においての労働費・労働力の意味や比重の低下をもたらす。実際に，自動車製造工場や家電製品工場ではロボットによる省人化が進んでいる。こうした省力化・省人化の進展が従来の労働費・労働力指向を希薄にするであろう。

技術革新にもとづく工業製品の変化はめざましい。いわゆる軽薄短小化が工業の製品・部品において顕著である。こうした変化は輸送手段の発達とあいまって，工場の立地に大きな影響を及ぼす。たとえば，IC（集積回路）の製品単位はきわめて小さくかつ軽量であるが，その価格は高い。輸送費の負担力が大きいため，航空機による輸送コストでも問題はなく，おもな出荷先から遠距離の地域においても工場立地ができる。たとえば，秋田空港から羽田空港まで航空機でICを輸送した場合の輸送費用はIC１個あたり１～２円であり，その生産費に占める割合はごくわずか（１％未満）である。

２）輸送手段の発達

輸送手段の発達は工業が立地できる空間的範囲の拡大，換言すれば工業のフットルース（立地自由）的な性格の増大に寄与する。第４章１で述べた工業の地方分散が進展した理由のひとつが輸送手段の発達である。立地指向からいえば，輸送手段の発達は消費地指向から労働費指向への偏倚を促進させる力となる。

輸送手段の発達によって，工業立地がフットルース的になるとはいえ，現実にはつぎのようにまったく自由ではなく制限的である。高速道路のインターチェンジからの距離別に大工場の立地分布を集計すると，インターチェンジからの距離が10km未満の工場の割合は1981年の27％から1990年には61％に増加した。この変化は，工場の新規立地にあたりインターチェンジ付近を指向する例やインターチェンジ近くに工業団地を建設することが多いことの結果といえる。この場合の立地要因は単なる輸送費用の節約というよりも，輸送時間の節約と輸送時刻の適時性[15)]，さらにこれらのことから生じる流通費用の節約のためと考えられる。

２　諸制度の影響

１）工場の立地規制制度

全国的には都市計画法による用途地域制によって，工場が立地できる地区が都市別に指定されている。また，本書第１部第４章で述べた市街地調整区域でも工場の立地はできない。

広域的に工場立地を制限する法律として約40年間にわたって機能していた

のは，「工業等制限法」である。この法律は首都圏と近畿圏における既成市街地への産業と人口の過度の集中を防止する目的で制定されたものである。1959年に東京圏を対象として，ついで1964年に近畿圏を対象として法律が制定された。初期の首都圏における制限区域は，東京区部・武蔵野市・三鷹市の既成市街地であり，この区域内での床面積1,000m^{2}以上の工場や大学の新増設が原則として禁止されたのである。その後，制限区域は横浜市・川崎市などの既成市街地に拡大された。近畿圏における制限区域は大阪市の大部分，尼崎市の半分，京都市・神戸市・東大阪市・西宮市・堺市などの一部であった。

上記の制限区域では，大規模工場の制限区域外への転出が多くみられた。この法律は既存工場の操業まで禁止するものではないが，既存工場の規模拡大が既存の場所においてはできないので，設備の更新時期などを契機として転出する工場がかなり多かったのである。また大学の郊外立地の多かったのもこの法律の影響が大きい。この法律の影響で，首都圏と近畿圏では制限区域内の大工場と大学が少なくなった。

この法律の制限区域内の地方自治体などは，長年にわたってこの法律の改廃を要望してきた。その理由は，最近の大都市の過密の主因は工場ではなくオフィス雇用であること，さらに大規模工場の転出にともなう影響で関連工場の転出も生じて地域産業の衰退をもたらすということである。こうしたことも背景として，2002年にこの法律は廃止され，従来の制限区域内における大工場の立地や大学の新増設も可能となった。

2）工場の地方分散政策

工場の立地規制に関する法律が少ないのに対して，工場の地方分散を図る法律は数が多い。この背景は，1960年代以降の国土政策のひとつの柱は工場の地方分散であったことである。新産業都市建設促進法（1962年），農村地域工業導入促進法（1971年），工業再配置措置法（1972年）などがこれに該当する。これらは基本的には，既存の工業集積地域における工業立地を抑制し，工業の地方立地を促進させる目的をもつものである。そのために，これらの法律にもとづく立地誘導地域にたいする工場立地にはさまざまな優遇措置がとられている。具体的にいうと，不動産取得税・固定資産税の一定期間の減免などである。また，地方自治体レベルにおいても，工場立地助成措置をとる場合が多い[16]。助成措置の内容の一例は，立地する工場の地方税の減免，補助金交付，資金融資制度などである。なお，新産業都市建設促進法が2002年に廃止され，約40年間続いた工業の地方分散政策は大きく転換した[17]。

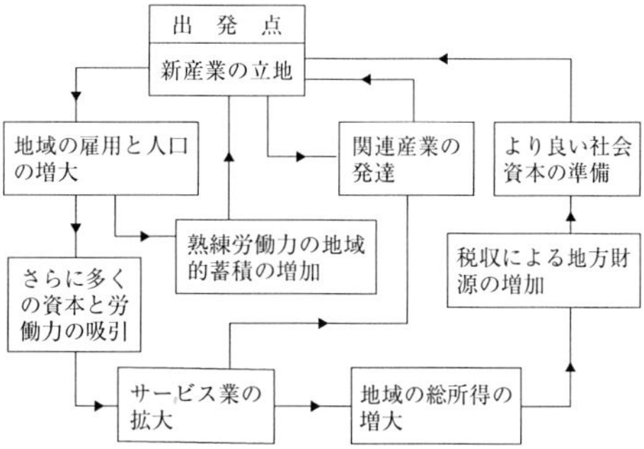

図２－５　新しい産業立地による波及効果

出典：ベール著，北村他訳（1984）.
注：原図は Keeble（1967）.

地方自治体が工場誘致をする一般的な理由はつぎの３つである。①工場立地による地元住民の就業機会の増加。②税収の増加。固定資産税や住民税・事業所税は地方税であるので，大規模事業所の立地は地方自治体にとってメリットがある。③進出した工場に関連した工場・事業所の新設・増設などの波及効果によって，地域の活性化が期待できる。

このようなことから，人口流出に悩む町村では積極的な工場誘致を行うところが多い。上述のことをさらに一般化して，産業（工業）立地がもたらす地域への波及効果を模式的に図示したのが図２－５である。つまり，工業立地は地域の雇用・人口の増大，地域の産業的発展・総所得の増大という効果をもたらすのである。ただし，このような波及効果をもたらすのは一部の工業である。工業立地の波及効果には工業の業種などによる差異が大きい。多くの工場はある程度の雇用効果を生じさせるのみにとどまり，したがって工場が立地した地域としては，単に安価な労働力を供給するにとどまるという場合も多い。

法律にもとづいた工場立地の誘導政策の実績を，農村地域工業等導入促進法を例にみてみよう。この法律に指定された市町村に立地した工場への優遇措置は，19年間にわたる事業税と固定資産税の免除，および不動産取得税の免除である。この法律にもとづいて1971～1988年に立地した企業数は全国で約4,500社（立地した市町村数は1,072）である。大部分は従業者規模300人以下であるが，その（地元からの）総雇用は23.3万人である。したがって，かなりの実績があったといえる。ただし，これらの企業すべてが，もしもこの促進法がなければ立地しなかったとはいえない。また，逆にこれらの行政的な援助があっても，企業の採算に合わない場合の工場進出はないであろう。こうしたことから，工場立地に関する制度的援助は，前述のスミスの「利潤可能性の空間的限界」内の地域の場合に，効果があるといえる。また，制度的援助はこの空間的限界を拡大させるという見方もできる。

3　シャープ亀山工場の事例

家庭用電気機器メーカーのシャープ株式会社[18)]が，三重県亀山市内の「亀山・関工業団地」に大規模なテレビ工場を建設し（投資額1,000億円），2004年に操業を開始した。これは液晶テレビの生産で世界シェアの3割を占めるシャープの最新鋭の2つの基幹工場（大型液晶工場と大型液晶テレビ組立工場，従業員約2,600人）であり，24時間操業体制で生産している。シャープが亀山市への立地を決めた要因は2つに大別できる。

第1の要因は集積と輸送費に関したものであり，亀山市と①シャープ社内の他事業所からの距離および②関連メーカーとの地理的関係の2つに分けることができる。

①についてみると，亀山市は，同社の液晶開発拠点である奈良県天理市の天理総合開発センターおよびすでに操業していた同社の液晶パネルの量産工場である三重県多気町に立地する多気工場（1995年に操業開始）との距離が近い。すなわち，両者ともに亀山市から自動車で１時間足らずの距離に位置している。これらの３つの事業所は，液晶製品の開発と生産が密接に連携可能な社内体制の維持という点で，有利な位置関係にある。亀山工場の完成前は，シャープの液晶テレビの生産は，上記の多気工場で生産した液晶パネルを栃木県矢板市に立地する同社のテレビ生産工場に輸送し，最終製品として組み立てて市場へ出荷していた。亀山工場の完成後は，多気工場から亀山工場へ輸送することによって費用の削減ができた。さらに，三重県亀山市は京阪神圏と名古屋圏の中間に位置し，製品を３大都市圏に陸上輸送するうえでも有利である。

上記の②についての要点はつぎのとおりである。亀山地域を中心とする三重県内に液晶ディスプレイの製造や液晶ディスプレイ材料（液晶フィルムなど）の生産などの液晶関連企業の工場がすでに集積していた。この関連工場の集積はたんに亀山新工場への部材納入などの輸送に有利であるだけでなく，新工場の装置にトラブルがあった場合も，この集積のおかげで１～２時間で復旧することができるというメリットがある。

この地域の液晶関連工場の集積は，シャープ亀山工場の立地決定以降にさらに進展した。2001年には42社だった三重県内の液晶関連メーカーは2004年には68社に増えたのである[19)]。集積がさらなる集積を呼ぶメカニズムが作用したといえる。

第２の要因は，地方自治体の工場誘致政策である。三重県と亀山市はシャープに対する積極的な誘致活動を行い，三重県は地方自治体としては最高額となる90億円の補助金を，また亀山市は45億円の補助金を提示した。総額135億円の補助金は国内の他の立地候補地のなかで突出した額であった。補助金だけでなく，工場周辺の道路整備などさまざまなことに対して強力な支援の意思を示す地元の熱意もあったことが，ひとつの要因である。

上記のことから，シャープ亀山工場の立地の主因は，ウェーバー理論の輸送費と集積であり，いまひとつの要因は，三重県と亀山市の熱心な工場誘致策であることがわかる。

〔注〕

1）土地の価格や地代は地域的に大きな差があり，高地価の土地に立地する場合は生産費用に占める割合もかなり高くなる。しかしウェーバーは，土地の費用は局地的な集積の程度のみによって異なるとし，これを地域的因子から除外した。つまり，高地価は集積の結果から生じるものであるから，集積を考察しない段階の議論においては，地域的因子として考慮する必要がないと考えた。

2）このほかの前提条件は次のとおりである。①工業製品の消費地の位置および規模も与えられたものと仮定する。②工業労働力は多数の確定的に与えられた労働地に存在し，労働力の移動性はないものと仮定する。また，それらの労働地における労働費の水準は固定的であり，この費用で得られる労働力の量は無制限であると仮定する。

3）立地因子としての労働費は，賃金の絶対額ではなく，製品１単位重量あたりの賃金給料部分を意味する。

4）立地重量の定義は「(局地原料重量＋製品重量）／製品重量」である。

5）ウェーバーによる労働係数の算出結果の事例はつぎのとおりである。コルセット製造業は1,500マルク，製陶業は55マルク，粗糖製造業は1.3マルク。したがって，コルセット製造業は労働費指向が強く，輸送費最小地点から離れる距離が大きいのに対して，粗糖製造業は輸送費最小地点への指向が強く，労働費指向は弱いと考えられる。

6）1960～1980年代における原料炭の輸入総量に占めるソ連・中国の割合は，５～７％であった。鉄鉱石の場合はさらに低い割合であった。

7）1920～1984年の日本全体の出生率（年間）の変化の概略はつぎのとおりである。1920年～1940年代末までは，おおむね30～36‰であったが，1950年代から出生率の低下が始まった。1955年からは20‰未満をつづけ，1960・1970年代は14～19‰，1980年代は約13‰の水準であった（厚生省の人口動態統計による）。

8）日本の製造業の海外生産比率は，1970年代は１％台であったが，1980年代後半には８％に，2002年度には17％に増えた。日本の製造業の外国現地法人は約5,500社（このうちアジアには3,100社）となった（1993年）。

9）加ト吉の本社・本社工場は香川県観音寺市にあり，ほかに香川県に５つの工場と配送センターがある。外国の工場は，中国（おもに山東省）に８工場，タイに１工場，インドネシアに２工場がある。これらの工場における主要生産品目は，水産品加工品，鶏肉加工品である。

10）トヨタの系列部品メーカーのデンソー（カーエアコン生産），豊田合成（内外装部品生産），アイシン精機（車体部品の生産）なども北九州地域や熊本県へ工場を新規立地させた。

11）最上地方の工業立地の状況は1990年代末から大きく変わった。その変化は，電気機械工業と衣服工業の工場数の大幅な減少である。たとえば，新庄市におけるこれら２業種の工場数は1991年の66から2003年には33と半減した。この減少のおもな要因は，関連工場の海外移転である。

12）製造大企業の企業内地域間分業にもとづく各種機能の典型的な配置はつぎのとおりである。本社機能：東京都心地区など大都市中心部，研究機能・開発機能・試作機能：大都市周辺地域（とくに，東京圏），（大量）生産機能・部品生産機能：大都市圏以外の地方や外国。

13）たとえば，京浜地区と山形県の電気機械工場で働く女子従業者の年齢別賃金水準（1986年の月額）を比較すると，18～24歳層では約２万円の差であるが，中高年になるとその差は拡大し，45～49歳層では約７万円の格差

（前者が22万円，後者は15万円）がみられた（末吉，1999）。

14）東大阪市の製造業は1980年代後半から工業の空洞化の影響などから，工場数と工場従業者数が減少している。工場数は1985年の9,993から2003年には6,991へと，従業者数は1985年の93,906人から2003年には62,031人へと減少した。

15）輸送時刻の適時性とは，必要であれば１日24時間のうち「いつでも」「何度でも」適した時に輸送できることである。

16）たとえば，県レベルにおける工業立地助成措置は，東京都，神奈川県，大阪府，奈良県を除く43の道府県でとられていた。地方自治体による補助金制度の一例（石川県金沢市，2004年）はつぎのとおりである。建物1,500m²以上で雇用が20人以上の先端工場を新規立地の場合は，建物建設費および機械設備の10％を補助し，さらに雇用奨励助成金として，金沢市民を新規に10人以上雇用すれば，１人あたり50万円を助成する。

17）政策転換は1997年に制定された地域産業集積活性化法以降と考えられる。この法律は，産業空洞化の影響を強く受けている地域を対象に，産業集積の活性化と産業空洞化を抑制するための法律であり，全国の25地域（新潟県中越地域，広島地域など）が指定された。産業立地政策としてははじめて北海道が指定を受けず，また大都市圏に位置する広域京浜地域や大阪府中央地域がはじめて指定を受けた。このことから，大都市から地方へ工場を移転させるという分散政策は転換期を迎えたといえよう（阿部・山﨑，2004）。2002年の新産業都市建設促進法の廃止と2006年の工業再配置措置法の廃止は，これを明確にするものである。

18）シャープ（本社所在地は大阪市阿倍野区）の国内工場の多くは関西地方と広島県（奈良県大和郡山市，同県葛城市，大阪府八尾市，広島県東広島市，同県福山市，同県三原市）に立地している。

19）シャープ亀山工場へ液晶パネル用カラーフィルターを納入するために，同カラーフィルター生産で世界首位の凸版印刷は，シャープ新工場の隣接地に240億円で工場を新規に立地させ，2004年に操業を始めた。さらに凸版印刷は，亀山市に近い三重県久居市の工業団地にシャープ向けの大型液晶パネル用カラーフィルター工場を建設し（投資額は約500億円），2006年に操業を開始した。他のシャープの取引先企業も三重県へ進出したか，あるいは進出を検討している。こうした地域的集積を背景として，シャープは亀山工場内に設備投資額1,500億円で第２工場（液晶ディスプレイの生産工場）を建設し，2006年に稼動を開始した。

第3部　中心地の立地理論とその応用

第1章　クリスタラーの中心地研究の目的と特徴

1　中心地研究の目的

クリスタラー（Walter Christaller：1893－1969）が1933年に著した『南ドイツにおける中心地――都市的機能をもつ集落の分布と発展に関する規則性についての経済地理学的研究――』は，中心地の立地理論を構築し，さらにその理論の検証を行った古典的研究書である。このクリスタラーの研究の目的は「なぜ都市の大小はあるのだろうか。都市の分布は不規則なのだろうか」という疑問を究明することであった。つまり，「都市の数，規模および分布を規定する法則は存在するか。もし，存在するとすればその法則はどのようなものであるのか」という問題を解くことであったといえる。

しかし，彼の本来の研究目的は上記の法則性の探求にあったというよりは，この法則性を基礎にした応用的な課題を考えることにあった。すなわち，「この研究は，もともと経済学上ないしは国家学上の研究として意図されたものである。その場合のおもな観点は，国家の合理的な行政組織のために，また国家生活を簡素化するようにドイツの国土を再編成するために，経済学的な基礎を求める点にあったといえる」と彼は述べているのである。この目的は結果的に達せられたといえる。中心地理論は後に，集落計画・地域計画の原理をなすものと考えられたのである。

2　中心地研究の特徴

クリスタラーの研究の特徴として，つぎの3つを指摘できる。

第1の特徴は理論の構築に際して演繹的方法，孤立化的方法および段階的方法をとったことである。これらは，既述のチューネンとウェーバーの研究方法の影響が大きい。すなわち，クリスタラーはチューネンが「孤立国」において用いたように，あらゆる自然条件を排除した抽象空間を設定して理論の構築を行ったのである。チューネンは都市を所与として，その周辺地域における合理的な農業経営様式の空間的配置を考察したが，クリスタラーは抽象的な居住空間を所与として，そこにおける合理的な都市の立地配置を問題としたのである。

ウェーバーの影響は理論の段階的な構築方法にみられる。すなわち，ウェーバーは抽象空間でまず輸送費のみをとりあげ最小輸送費指向の理論を構築し，ついでこれを偏倚させるものとして労働費と集積を考慮したが，クリスタラーも，まず抽象空間における最小の中心地数で財を全域に供給する空間的システムを構築し，ついでこれを偏倚させるシステムとして交通原理と行政原理にもとづくシステムを考察したのである。

第2の特徴は集落地理学に経済学的観点を導入したことである。この導入の理由は，都市の発生・発展にとって最も重要であることは，都市住民がそこで職を得るか，都市が供給するものに対して需要があるかどうかという経済的問題であると考えたことである。この論理を展開すると，彼が中心的財と定義した財を都市の外側の住民に供給すること，そしてそれを供給する産業の立地・集積が，一般的な都市の発生・発展にとってきわめて重要であることになる。これが中心地理論の基礎的思考となっているのである。

第３の特徴は，理論の検証も行ったことである。クリスタラーの著作の後半は地域分析篇であり，南ドイツにおける現実の中心地の分布と理論的なそれとの関係が詳細に述べられている。このように理論的研究のみでなく，理論と現実世界との対比を行っていることがひとつの特徴である。

第２章　クリスタラーの中心地理論の概要

1　中心地理論の諸概念と概念の静態的関係

1）中心地理論の諸概念

a．中心的財・中心機能・中心地　「中心的財（サービスを含む)」は，少数の地点（中心地）で生産・供給され，多数の地点で消費される財である。中心的財の供給は一般には，多数の消費者との接触によって行われるので，消費者との接触の便のよい場所すなわち消費者にとって最も到達しやすい場所――特定の少数の地点（中心地）に立地する傾向がある。

中心的財を供給する機能を「中心（地）機能」という。この典型は小売業であり，また銀行，国家の行政活動，教会，学校，劇場などもこれに該当する。

中心地とは中心的財を供給する機能（中心機能）が立地する場所である。以下では，中心的財を単に「財」と略すこともある。

b．中心性　中心性とは，中心地の周辺地域に関するその中心地の相対的意味と定義される。すなわち，ある中心地が供給する財（これを中心地の絶対的意味という）のうち，周辺地域に対する部分がここでの相対的意味である。このことは，つぎの式で表すことができる。

$C=B_1-B_2$

C：i 中心地の中心性

B_1：i 中心地が供給する財の総量

B_2：i 中心地が供給する財のなかで i 中心地の常住人口に供給される財の量

c．補完地域（市場地域）　補完地域は，中心地の周辺地域にあって，中心機能が立地していないために中心地から財の供給を受けている地域である。換言すれば，財の需給関係から，中心地は供給量が過剰であり，補完地域は不足していてその不足分を中心地が供給し，それによって過剰と不足が相殺するのである。したがって観念的には，「補完地域」は中心地に立地する中心機能が供給する財の空間的需給関係からみた「機能地域」の範囲であり，補完地域の理論的な境界は，下記の「財の到達範囲の上限」である。

d．財の到達範囲　財の到達範囲の概念には「上限」と「下限」の２種類がある。財の到達範囲の上限は，財の需要（消費者）側から規定された限界である。すなわち，「財の到達範囲の上限」は「中心地のある財を入手しうる空間的限界」であり，この限界を越えると中心地までの移動費用が大きくなるために，①その財をまったく入手しないか，あるいは，②それよりも少ない費用でその財を入手できるような別の中心地において購入することになる。この①か②の選択は，入手しようとする財の性格にもとづく。たとえば，需要が非弾力的な，すなわち代替性のない財の場合（医療サービスなど）は，②の行動をとるであろうし，需要の弾力性が高く，代替性がある財の場合（観劇など）は，①の行動をとる。

財の到達範囲の下限は，財の供給側から規定された限界である。すなわち下限は，「中心地においてある財を供給するために必要なその財の最小限度の需要量（最小必要需要量）によって規定される」。この需要量を成立閾値

(threshold) という。この成立閾値を空間的に投影したものが観念上の財の到達範囲の下限である。要約すれば，下限は中心機能がある中心地に立地するのに必要な最小限の消費者を含む空間的範囲である。

クリスターによる「財の到達範囲の下限」の概念についての説明例示はつぎのとおりである。ある中心地に立地する劇場の下限に相当する（すなわち，劇場の経営を維持するのに最低必要な）入場券の枚数が年間10万枚であるとし，その中心地だけではこの枚数が売りさばけず，周辺の10kmの範囲内の住民が観劇に参加しなければならないという場合は，この10kmが財の到達範囲の下限である。財の到達範囲の概念，とくにその上限の概念は，クリスターの中心地理論の諸概念のなかで最も重要な概念である。なぜならば，この概念にもとづいて演繹的な理論を構築しているからである。

e．中心的財と中心機能の階次　中心的財はその財の到達範囲の大小によって階次（階層）区分される。財の到達範囲の上限も下限も大きな財を「高次財」といい，これらが小さな財を「低次財」という。このことから，高次財を供給する中心機能を「高次中心機能」，低次財を供給するそれを「低次中心機能」という。具体的にいえば，低次財である野菜を販売する八百屋は低次中心機能であり，高次財である宝石を販売する宝石店は高次中心機能である。

このような中心機能の階次区分は観念的であり，現実の中心機能の区分は地域（国）により，また時代により異なる。たとえば，人口に比して病院が少ない地域（時代）においては，病院は高次中心機能であるが，人口に比して病院が多い地域（時代）においては，病院は比較的に低次な中心機能となる。

f．中心地の階層　中心地の階層の概念定義はつぎのとおりである。「高次中心地」は高次中心機能が立地する中心地であり，「低次中心地」は低次中心機能のみが立地する中心地である。この高次中心地には，後述するように低次な中心機能も立地する。中心地の階層区分は，クリスタラーによれば，表3-1（後出）のように7区分であるが，他の研究例においては7区分とはかぎらない。

g．経済距離　経済距離は貨幣価値に換算された地理的距離である。その定義は，旅客輸送の場合でいえば，旅費のみでなく時間および労力（快適性）をも経済的に換算した距離である。つまり，費用・時間・労力の3要素により規定された距離といえる。このように定義された経済距離が，実際の財の到達範囲の上限を定める。

2）諸概念の静態的関係

クリスタラーは上記の中心地に関する諸概念の定義につづいて，それらの概念の静態的な関係について論述している。このなかで重要な論述は，以下のとおりである。

a．高次中心地の優位性　多くの種類の財が供給される高次中心地は，直接に，少数の種類の財しか供給しない低次中心地から顧客を奪う。なぜならば，前者では同一中心地で多種類の財の供給を受けることができるために，消費者はその居住地に近い低次中心地を利用しないことがあるからである。これは，高次中心地では「多目的トリップ」や「ついで買い」といわれる購買行動が可能なためである。このことから，高次中心地は低次中心地よりも優位であり，この影響を受けて高次中心地の周辺には低次中心地が存在しないことがある。この優位性を「大都市の優位性」ということもある。

b．財の到達範囲　同一財であっても到達範囲の上限の大きさは，中心地の階層により異なることがある。それは上述のように，高次中心地においては「多目的トリップ」や「ついで買い」ができるからである。たとえば，低次中心地における野菜（という財）の到達範囲の上限は狭いが，高次中心地の場合は遠方から映画を見にやってきた消費者がそこで野菜を購入することもあり，その上限は広くなる。

2　中心地システムの構築

クリスタラーは前述の諸概念を用いて，中心地の空間的配置を演繹的に考察した。この空間的配置＝中心地システムには３つのタイプがあり，それぞれ原理が異なっている。すなわち，「供給原理」「交通原理」「行政原理」とよばれる原理にもとづいている。このなかで供給原理にもとづくシステムは基礎的なシステムであり，他の２つはこれが偏倚したシステムである。いずれのシステムも，抽象的な空間における中心地の配置である。

1）供給原理にもとづく中心地システム

a．理論の前提条件　供給原理にもとづく中心地システムを構築する際の前提条件は以下のとおりである。

① 均等・均質な地域的条件――自然条件のみでなく人文条件も均等・均質である。すなわち，交通条件も均質であり，同一の可処分所得水準の人口が均等に分布している。

② 消費者は同一財を供給する最も近い中心地を利用する（これを，最近隣中心地利用仮説という）。

③ 同一財の価格と質は，どこでも同一である。また，財の供給者は合理的な行動をするので，利益が生じないような中心機能の立地はない。

④ 財を供給する機能は，できる限り少数の中心地に立地して，その財をあらゆる空間（すべての住民）に供給するような配置をとる。これが「供給原理（市場原理）」といわれている条件である。供給原理にもとづく中心地システムは，最も合理的な財の供給，および（どこの住民もすべての財を入手できるという）地域的平等を同時に達成するシステムで

ある。

⑤　中心機能は同一の中心地に集積する。

以上のことから，供給原理にもとづく中心地システムとは，最少の立地で最大の効果を得られるような合理的な中心地の配置であるといえる。

b．中心地システムの形成論理　クリスタラーは，はじめに半径21kmの財の到達範囲の上限をもつ財が図3-1のB_0から供給される状況から議論を展開していった。上限21kmの財を全空間にくまなく供給するためには，もちろんB_0からだけではなく他の地点にも同じ財を供給する中心機能が立地しなければならない。前述の前提条件④を満たすような配置は図3-1に示されているように，B_0を中心とした半径36kmの円周上にB_1〜B_6のような，正六角形の頂点（つまり，36kmの等間隔）への配置である。この場合，B_0〜B_6から半径21kmの円を描くと，互いに3つの円はひとつの点で交差する。この配置が最少数の中心地で，全空間に供給する（未供給空間がない）形態であり，それぞれの中心地の補完地域は正六角形を形成する。

つぎに半径20kmの上限の財の供給を考えると，前述の前提条件⑤によりB_0〜B_6の既存中心地に立地する中心機能から供給される場合，どこからも供給されない未供給空間が生ずる。この空間の住民にもこの財を供給するためには，新たな中心機能の立地が必要である。その合理的な配置は，B_0〜B_6から半径21kmの円を描いた時の3つの円の交差点であるK_1〜K_6の6つのK点への立地である。この6つのK中心地が中心地B_0をとりまく半径21kmの円周上に21kmの等間隔で分布する

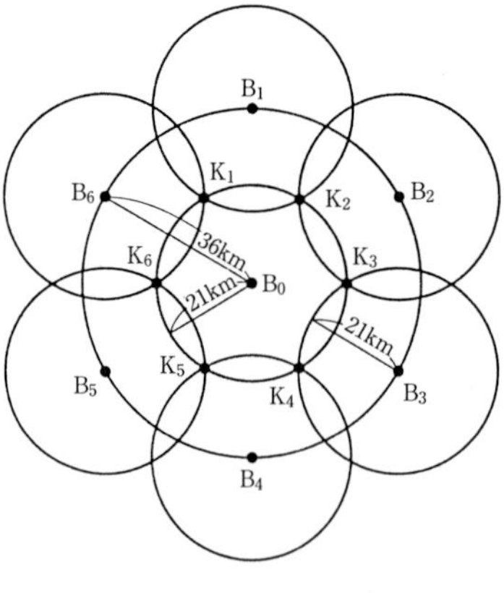

図3-1　B階層とK階層の中心地の立地

出典：杉浦（1989）.

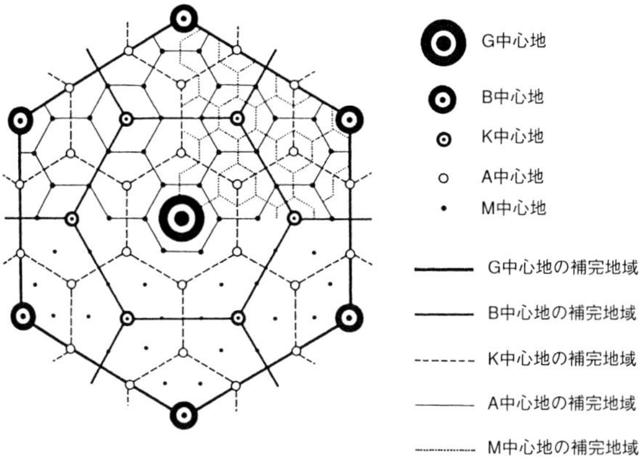

図3－2　供給原理にもとづく中心地システム

出典：クリスタラー著，江沢訳（1969）.

のは，B中心地の場合と同様の論理である（図3－1）。

以下，同様にして，財の到達範囲の上限が19km，18km……というように，より上限が小さい財を，既存の中心地B・Kから供給していくと，上限が12kmの財までは未供給空間なしで供給できるが，上限が11kmの財になると，未供給空間が生じる（このことから，B階層の中心地は上限が12km～20kmの財を供給する機能によって特色づけられるといえる）。この未供給空間が出現するのは，前述の上限20kmの時と同じように，半径12kmの3つの円の交差点部分である。上限が11kmの財が供給されない空間に効率的に供給するには，前と同様に考え，互いに隣接する3つのB・K中心地からそれぞれ等間隔にある地点に上限11kmの財を供給する中心機能を立地させればよい。これをA階層中心地という。

このようにして，既存の中心地を結ぶ正3角形の重心点に1段低次な中心地が出現するという形で新しい中心地が形成される。これらの中心地とその補完地域を示したものが，図3－2である。この図から，均等・均質な抽象的空間においては，中心地システムは「規則的・階層的な空間構造」を示す

表3-1　供給原理にもとづく中心地の階層

中心地階層	中心地の数	財の到達範囲の上限	同階層中心地間の距離	補完地域の数	供給される財の種類
L	1	108km	187km	1	2,000
P	2	62	108	3	1,000
G	6	36	62	9	600
B	18	21	36	27	330
K	54	12	21	81	180
A	162	7	12	243	90
M	486	4	7	729	40

出典：クリスタラー著，江沢訳（1969）などから作成.

ことが理解される。

c．中心地システムの規則性と意味　上述のように，供給原理にもとづく中心地システムには明瞭な階層的な秩序・法則性がある。これを表形式で示したものが表3-1である[1)]。最も基本的な法則は，中心地には階層性があり各階層に対応した財の到達範囲の上限をもつ中心機能と補完地域を有することである。中心地を都市と置き換えれば，都市の階層性の形成や大都市は数が少なく小都市は数が多いということもこの法則を適用して説明できる。

中心地と中心機能は互いに対応する段階的な階層構造をもっていることを示したのが表3-2である。最も階層の低い中心地階層の「村」には最低次の中心機能のみが立地し，その上位の階層の中心地である「町」にはその階層に固有の中心機能が立地するだけでなく，下位の階層の「村」に立地する中心機能も立地する。このようにして，最上位の中心地（大都市）にはすべての階次の中心機能が立地するのである。このような現象は私たちの身近な地域でも観察できる。

クリスタラーは供給原理にもとづく中心地システムを，ウェーバーが工業立地論で問題とした大都市への人口集中を説明するのに寄与すると考えた。すなわち，このシステムによれば階層の最も高い大都市には，きわめて多くの中心機能が集積するが，これが工業を除いた場合の労働力の大都市への流

表3－2　中心地階層と中心機能の階次の対応

中心地階層	中心機能の階次				
	1	2	3	4	5
村	＊				
町	＊	＊			
小都市	＊	＊	＊		
中都市	＊	＊	＊	＊	
大都市	＊	＊	＊	＊	＊

出典：杉浦（1989）より作成.
注：＊は各中心地階層が当該中心機能を保有することを示している.

入をもたらす理由と考えたのである。

2）交通原理と行政原理にもとづく中心地システム

クリスタラーは，中心地の分布・数・規模に対して影響する原理として，供給原理以外に，２つの別の原理があると考えた。この２つは，現実の交通路から生じる原理と行政的理念から生じる原理である。

a．交通原理にもとづく中心地システム　一般に，遠距離交通路は高次中心地間を直線的に連絡している。これを基準にして，図３－２のなかでは最も高次な中心地であるＧ中心地を例にして，高次中心地間の交通路がどのように存在するか，考えてみよう。

図の中央に位置するＧ中心地と他のＧ階層の中心地（図の外側に位置する）の間を結ぶ交通路は，図の中央のＧ中心地から（図の上を北として）北東あるいは東などに向かって直線的に延びていることになる。この場合のＧ中心地間の交通路線上に位置する中心地は，２つのＫ中心地と６つのＭ中心地であり，Ｇ階層についで階層の高いＢ中

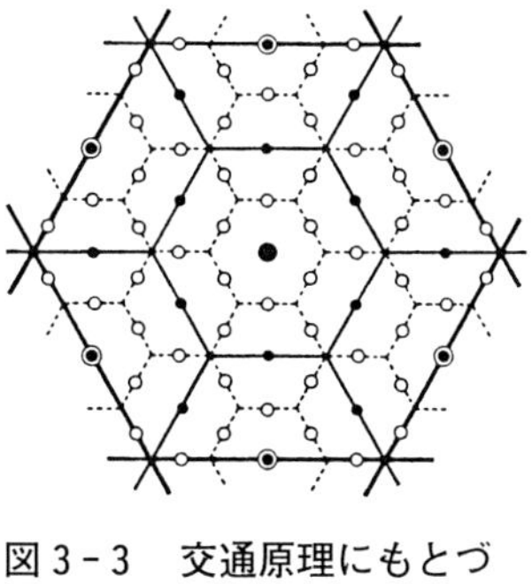

図３－３　交通原理にもとづく中心地システム

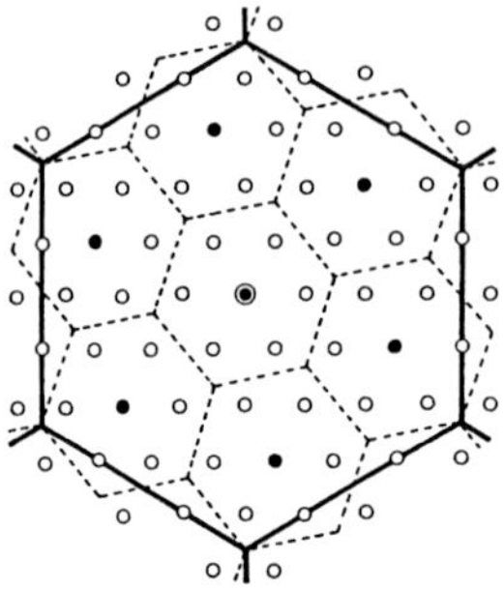

図3-4　行政原理にもとづく中心地システム

心地（さらにA中心地も）は位置しない。そこで，各階層の中心地がその意義（階層）に対応した交通路に位置するようにするために，供給原理とは別に交通条件を重視した図3-3のような中心地の配置をクリスタラーは考えた。これが交通原理にもとづく中心地システムであり，比較的階層の高い中心地がこの交通路線上に直線的に分布するという特徴をもつ。

b．行政原理にもとづく中心地システム

クリスタラーによれば，地方行政区分の理念はつぎの3つである。①できるかぎり同一面積で，同一人口規模である。②行政境界は人口密度が低く，自然的な障害（河川，山地など）があり，また，行政境界付近には中心地がない。③行政地域の中心（人口重心）に最上位の中心地が位置し，それを囲んで衛星的な集落がある。

このような理念のなかで，中心地の配置論からみて重要なのは②と③である。この2つは供給原理によるシステムでは実現しにくい。そこでクリスタラーは，こうした行政的な理念を原理とするシステムとして，図3-4に示されている中心地の配置を考えた。これを行政原理（隔離原理ということもある）にもとづく中心地システムという。このシステムでは，他の2つのシステムと異なり，下位中心地はただひとつの上位中心地に従属する。すなわち，下位中心地はその上位中心地の補完地域の境界上には位置しない。これによって上述の理念を実現できるのである。

3　中心地システムの動態論

クリスタラーはさまざまな条件の変化にともなう中心地の動態も考察した。

ここで考察されたことは，現実の中心地の時間的な変化や都市群システムを研究する際の規範となるものである。以下は，その要点である。

1）交通上の変革と中心地の変化

クリスタラーがこの研究を行った時期（1930年前後）は，ドイツにおいて自動車交通が普及しはじめたころであった。彼は，中心地周辺の住民が中心地へ行くために自動車を利用（通勤や買い物に利用）する場合の影響についてつぎのように論じた。

通勤や買い物などに自動車を利用するようになると，中心地に居住する利点が減少し，人口の郊外分散が生じる。これによって，大多数の低次財は労働地（中心地）でなく郊外の居住地で調達される。これに反し，高次財は一層広範囲の人々によって欲求され，この種の財を供給する中心地の意味が増大する。したがって，高次中心地は高次財に関しては有利となり，低次財に関しては不利となる。

交通上の変革と中心地の変化のまとめとして，「交通手段の改善・発展による空間摩擦（friction of space）の軽減は，高次中心地の発展に寄与する」といえる。交通上の発展は直接的に，経済距離を構成する時間・費用・労力を軽減するために，高次中心地がより広域的に，またより頻繁に利用されるようになるからである。

2）財の到達範囲の変動と中心地の動態

a．財の到達範囲の上限の拡大・縮小要因　クリスタラーの論述を整理すると，財の到達範囲の上限の拡大要因は中心地への「経済距離」の短縮に集約できる。経済距離の短縮は大きく分けて，つぎの２つの社会・経済的条件の変化から生じる。第１は，交通に関連する条件の変化により経済距離が短縮され，上限が拡大する場合である。たとえば，自家用車の利用，鉄道建設などによって中心地への時間距離が短縮されることなどによって経済距離が縮小したり，鉄道などの運賃率が低下したりして経済距離が短縮することによって，上限の拡大が生じる。

第2は，所得水準の上昇や余暇時間の増大にもとづく経済距離の短縮である。中心地周辺地域における住民の可処分所得の増加は財に対する購買欲を増大させ，さらに中心地までの交通費負担の相対的低下をもたらし，中心地に対する経済距離を短縮させる。余暇時間の増加は中心地の遠方に住む人も中心地へでかけることが時間的にできるようになることを意味する。この場合も，実質的な中心地への経済距離の短縮効果となる。

上限の縮小要因は上述の拡大要因と逆の傾向の場合を考えればよい。これも2つの社会・経済的条件の変化にもとづいている。すなわち，①中心地までの経済距離が何らかの交通に関連した事情で大きくなった場合に，上限は縮小する。たとえば，旅客交通の運賃の上昇によって上限は縮小する。②所得水準の低下などによる財に対する需要減少（購買欲の減退）や余暇時間の減少による経済距離の増加にともなって上限の縮小が生じる。

b．財の到達範囲の上限の拡大による中心地の変化　前述のような要因によって上限が拡大すると，高次中心地の発展および高次中心地付近の低次中心地の衰退・消滅という変化が現れる。ここでの高次中心地の発展は，つぎの2つのことから生じるといえよう。

①前述の上限の拡大要因によって高次中心地の利用がより広域的になり，またより頻繁になり，高次財の供給が増大する。②すでに述べた「高次中心地の優位性」が，高次中心地における財の到達範囲の上限の拡大にともなって一層広範囲の消費者によってもたらされ，高次中心地における低次財の供給も増加する。

高次中心地の発展の影響を受けて，高次中心地の近くに位置する低次中心地は衰退または消滅するであろう。高次中心地の近くに居住する住民は，高次中心地へ（すでに述べた上限の拡大要因によって）いっそう頻繁に行きやすくなり，それにともなって距離的には近い低次中心地へでかけて低次財を調達する行動が少なくなるからである。

4　理論の現実への適用方法と理論の検証

1）理論の現実への適用方法

a．中心地の規定と中心性の算出　クリスタラーは中心機能の具体例を示すことから，理論の現実への適用方法についての議論を始めている。彼が例示した中心的財の交換の施設（中心機能）は以下のように多様である。

1．行政上の施設：戸籍役場，郡役所，地方官庁，中央官庁。
2．文化的な意味をもつ施設：中学校，高等学校，大学，図書館，美術館，劇場。
3．保健上の意味をもつ施設：医院，獣医診療所，病院，療養所。
4．社会的意味をもつ施設：映画館，新聞社，大競技場，ラジオ放送局。
5．経済生活および社会生活を組織化するための施設：同業組合，労働組合，法律事務所，商業会議所。
6．商業上および金融上の施設：各種の小売店，信用金庫，専門店，銀行およびその支店，百貨店，証券取引所。

これらの施設が立地する場所を中心地とするにしても，クリスタラーは，実際に中心機能をどの範囲まで含めるかという問題，および個々の中心地の全体としての中心機能総量をどのようにして求めるかという問題を指摘し，こうした問題を回避するひとつの方法として，電話台数にもとづく方法を考えついた[2)]。下記のように電話台数にもとづいた中心性を算出することによって，中心地の認定と中心地の階層区分を同時に行ったのである。電話台数を指標にした中心性の算出式は次式のとおりである。

$$Z_z = T_z - E_z \frac{T_g}{E_g}$$

ただし，Z_zは中心性，T_zは中心地の電話数，E_zは中心地の人口，T_gは中心地が属する地域の電話総数，E_gは中心地が属する地域の人口である。中心地が属する地域とは，分析しようとする中心地群が属する地域のことであり，この場合は南ドイツである。

$E_z \cdot T_g / E_g$は中心地がもつべき重要性（中心地の人口に見合う電話数）であり，これを実際の中心地の電話数から差し引いた値（Z_z）が周辺地域のために利用される電話数，つまり，中心地Ｚのもつ意味の余剰分（中心性）である。

b．階層別中心地の特徴　電話数によって算出した中心性にもとづいて，クリスタラーは南ドイツ（面積は日本の中部地方に相当）における中心地の階層区分を行った。この区分による各階層の中心地における実際の特徴の事例は以下のとおりである（表3‐1参照）。

① A中心地――この中心地は，区裁判所，小学校，薬局，獣医診療所，映画館などの立地によって特徴づけられている。

② K中心地――この階層の中心地を特徴づける中心機能は，下級の行政官庁であるが，これらに付属して地区医院などがあり，さらに，高等学校，銀行支店が立地する。

③ B中心地――行政機能としては，警察署，地区教育官庁，職業安定所などが立地する。この階層の中心地では専門医院，毎日上映する映画館，小規模のデパート，日刊新聞社，銀行などが立地する。こうした状況からB階層の中心地は，はじめて全面的な意味で「都市」の名称に値する。

④ G中心地――この中心地階層は，中級の行政官庁の所在地として特徴づけられる。これらの中心地には，通常，地方裁判所，商工会議所，高

級な商店，デパートが立地する。

２）理論の検証

クリスタラーは上述のように，現実の中心地の位置とその階層を定めて，その空間的分布（図３－５）と理論的な配置との関連を詳細に分析した。以下は，ミュンヘン周辺地域を対象とした理論の検証の概要である。

⑴Ｐ中心地　理論図式（図３－２の供給原理）では，Ｐ階層の中心地はミュンヘンを中心とする半径108km の円上に等間隔で６カ所位置する。実際のＰ中心地はレーゲンスブルク，インスブルックおよびウルムの３つのみ存在する。ミュンヘンとこれらの中心地との距離はいずれも理論図式どおり108km である。ほかの３つについては理論図式と異なっている。これらは，国境や自然条件の存在のために，行政（隔離）原理が作用している結果と解釈できる[3)]。

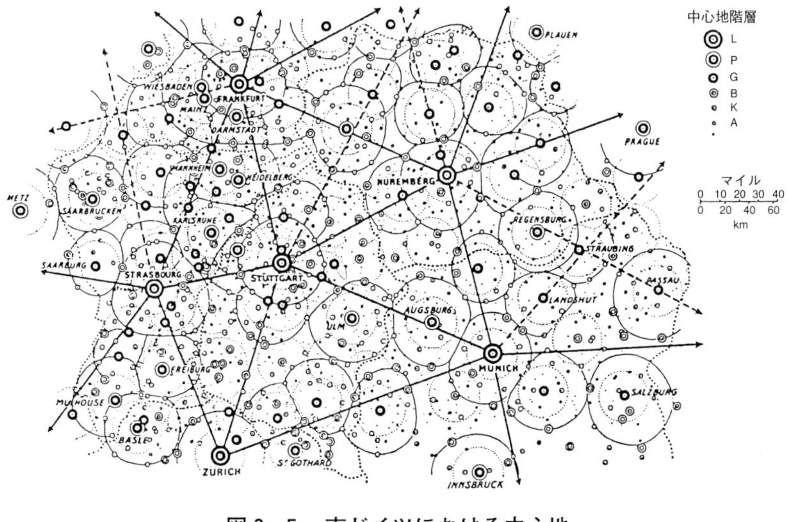

図３－５　南ドイツにおける中心地

出典：クリスタラー著，江沢訳（1969）.

⑵ **G 中心地**　ミュンヘンを中心とするG階層の中心地は，3カ所が実際に認められる。すなわち，インゴルシュタット，ランツフートおよびローゼンハイムがG中心地である。これらはすべて，ミュンヘンからの距離がほぼ62km であり，理論図式と一致している。G中心地が欠除している地域は，著しい農業的性格をもつことから，いくつかのB中心地に本来のG階層機能が分割されているとみなされる。

⑶ **B 中心地**　ミュンヘン近くに位置するB中心地は5カ所ある。このうち，4つは理論図式とほぼ同じくミュンヘンからほぼ36km の距離にある。この階層の中心地がひとつ欠落しているのは，階層が高い2つの中心地であるアウクスブルクとミュンヘンの間の距離が62km しか離れていないためである。

⑷ **K 中心地**　理論図式では，ミュンヘンから21km 離れた地点に6カ所のK中心地が存在するが，実際に21km 地点に位置するのは4カ所である。そのうちのひとつはB階層の中心性を示している。これは，シュタルンベルク湖の高級な住宅地の中心部として発展したためである。

クリスタラーは上述のミュンヘン周辺地域における理論の検証結果を，つぎのようにまとめている。中心地の位置は大部分，供給原理に従って定められている。交通原理が有力であるのはアルペン大渓谷やミュンヘンその他の大都市から放射する線の付近である。理論図式から予想される中心地の場所が分割されるのは，多くは行政（隔離）原理によるものである。

5　結　論

南ドイツ全体についての理論の検証結果についてのクリスタラーの論述は，以下のようにまとめられる。

a．中心地の分布法則としての3原理　中心地が一定の間隔で分布することを説明する最も普遍的な原理は，供給原理である。この原理の主要で明確な妥当範囲は，比較的人口が少なく，相対的に貧困であるか，または主として農業的な地域に限られる。

交通原理は，高次中心地間の線に沿って中心地が順次つらなり，この線上における中心地相互の距離が比較的狭く，さらにその数が通例より多いという形態をとって現れる。大都市の近隣にある中心地がこの都市から放射する路線に沿って交通指向の位置を占めるのも交通原理にもとづく。行政（隔離）原理が作用するのは国境付近や山間地域である。

以上のことから，一般的に，供給原理が１次的・基本的な分布法則をなし，これに対して交通原理および行政原理は単に２次的な偏倚をもたらす法則にすぎない，ということができる。

b．経済学的に説明できる３次的な偏倚　上記の１次的な法則と２次的な偏倚法則でも，説明がつかない３次的な偏倚がある。これらの偏倚は，地域的な偏倚と特殊な局地的偏倚に分けられる。

３次的な地域的偏倚としては，以下の事例がある。いずれも，均等・均質な地域であるという理論の前提条件を変更したりして経済学的に考えれば，説明できる偏倚である。

①　中心地の階層に関する偏倚として，全般に富裕で人口稠密な場合は中心地の階層がより高くなり，また貧困で人口希薄な場合はより低くなる。

②　中心地の数は，人口密度が高く富裕な地域，あるいは工業化された地域では比較的多い（上部ライン低地）。一方，中心地の数が比較的少ないのは，大都市周辺地域（ミュンヘン付近），比較的貧困な地域，森林が多く人口の少ない地域である。

このようないわば面的な偏倚とは別の，局地的な３次的偏倚の典型的な事例である温泉地，鉱業地などでは，理論図式よりも高い中心性を示すことがある。これは，地表の一定の点が特殊な経済的な意味をもつことによって生じる偏倚である。

第３章　中心地理論に関する実証的研究

1　中心地の空間的分布

1）中心地の空間的分布の実証的研究

クリスタラーの研究以後のさまざまな地域と時代における中心地（都市）の空間的分布に関する実証的研究から，つぎのことが結論として得られた。

比較的均質な地域的条件をもつ人口密度が低い農業地域では，かなり理論図式的な規則性があるが，地形が複雑な地域や工業化や都市化が進展した地域では規則性はあまり認められない。要するに，クリスタラーの理論の前提条件をある程度そなえた地域においてのみ理論が適合するのである。

日本における中心地の分布に関する実証的研究として，明治40（1907）年ころの関東地方を対象とした研究がある（吉津，1978）。これは工業化以前の関東地方における中心地の階層区分を行い，さらに理論との関係を論述した研究である。理論的な中心地の空間的分布と適合する中心地の分布として，以下の３つが指摘されている。

(1)　地域的な生産力の大きさおよびそれに関連した人口密度の分布に関係した中心地の分布が認められる。たとえば，神奈川県～東京府～埼玉県～群馬県南部にかけての平野部に高い密度で中心地が分布し，産業後進地域であり人口密度も低い茨城県と千葉県では中心地の分布はかなり疎である。

(2)　比較的高次な中心地の多くは，東京都心からほぼ一定の距離（約100km）に位置している。宇都宮，高崎，前橋，水戸がこの例である。

⑶　江戸時代の主要街道であった東海道，奥州街道，中山道，水戸街道などに沿って中心地が多く分布している。これらの多くはかつての宿場町であり，交通原理に即した中心地の分布であるといえる。

一方，理論的な中心地の分布と異なる事例はつぎの３つにまとめられる。これらのなかで①と②は既述の経済学的に説明できる局地的な３次的偏倚である。③は「高次中心地の優位性」から説明される。

①　鉱工業生産的機能をもつ中心地の存在。桐生，横須賀，八王子，足尾などがこの例である。

②　港町・温泉町の存在。港町の例は横浜，本銚子などであり，温泉町の例は那須，草津，塩原，伊香保，箱根湯本などである。

③　東京に距離的に近い中心地は，その人口にくらべ中心機能の立地が少ない。南千住，内藤新宿，渋谷，品川などがこの例である。

２）中心地と都市

中心機能は現実の都市に立地する機能のなかの一部である。したがって，現実の都市は，概念定義からみても，また実態的にも中心地と同じではない。このことから，都市の立地については中心地理論の有効性の限界が生じる。

中心地と都市の関係を考えるには，ハリスとウルマンによる都市の産業機能的な面からの都市分類が参考になる。

彼らは，都市の起源的な機能をつぎのように３区分した。①中心機能の立地・集積が起源の都市。これは中心地としての都市であり，一般的な都市といえる。②交通機能（港，陸上交通路の結節点）が契機となって誕生した都市。すなわち，交通機能にもとづく都市。③局地的に存在する地下資源などが原因で成立した都市。鉱業都市，観光・保養都市がこの例である。これは，いわば特殊な機能にもとづく都市である。

以上の分類から明らかなように，中心地としての都市は一般的とはいえ，都市の一部を構成するにすぎない。したがって，現在の「都市」の空間的分布を中心地理論から説明しようとしても，全部を説明できないのである。また，起源や契機が中心機能でない都市の多くは時間の経過とともに，中心機能を付加させて現在に至っていることも，現在の「中心地」の空間的分布と理論との乖離の一因となっている。このようなことから，現代日本における中心地の分布を理論から説明しようとしても，その乖離の大きいことが理解できる。

2　中心地の動態に関する実証的研究

中心地の動態に関する研究は数多くある。このなかで，外国の事例として，アメリカ合衆国の農村地域を対象とした研究を，日本の例として熊本県を対象とした研究を紹介し，つぎに中心地の動態と関係が深い消費者購買行動と小売商圏の変化の事例を述べる。

1）アイオワ州における中心地の変化

アメリカ合衆国の中部に位置するアイオワ州の南西端の農村地域（東西の距離は約90km，南北の距離は約72km の地域）における1840年代～1950年代の中心地の変化の概要は以下のとおりである。

この地域に最初の白人植民者が現れたのは1840年代のことであった。初期の植民者たちは，ほとんどのものを自給していたが，自給できないものは160km 離れたこの地域外の町まで旅をして調達しなければならなかった。この地域の開拓農民に対する最初の交易センター（中心地）が建設されたのは1851年であった。このセンターに立地した典型的な施設は，衣服や食料品を販売するよろず屋，雑貨屋，粉ひき工場などであった。農民はここへ余剰生産物を持ち込み，他の商品を購入し，またここを社交センターとした。この地域に鉄道が開通するまでの1868年までに，このような初期の中心地の数は10に増加した。これらの多くは，分散的に立地して，全体としては中心地の第１の原理である，供給原理――消費者指向の原理――にしたがっていた。

鉄道が開通したことにより中心地に大きな変化が起きた。鉄道によってこの地域は全国的な市場経済と結びつけられ，鉄道の駅はその結びつきを維持する集散センターとなった。鉄道の駅が設置されれば町の中心性が増大することはわかっていたので，駅の設置をめぐる町の競合があった。こうして特定の既存中心地に駅が建設された。駅が所在する町への他の中心地からの商業施設の移転も生じ，また，新たな中心機能が駅のある町に立地したりした。この影響を受け，駅のある中心地に淘汰される形で，いくつかの既存中心地が消滅していった。

駅のある町のなかには，郡役所の所在地に指定されるものもあれば，集散機能のほかに加工機能を行うものもあって，しだいに中心地間の階層差が現れた。1879年までには，この地域の中心地システムはほとんど鉄道指向となった。鉄道開通以後，この地域への開拓者が増加し，開拓地分布の間隙が埋められ，主要な鉄道の駅を結ぶ鉄道支線が建設され，農村部の道路網が整備された。人口の増加と人口分布の拡大を直接に反映して中心地の数が増加し，これまで中心地に接近しにくかった地区に中心地が立地した。

1904～1914年の時期は，それまでとはちがった新しい傾向が始まった時期である。この時期に現れはじめた中心地間の競争は，1920年代以降の自動車と舗装道路の出現によって顕著となった。舗装道路によって農場と中心地の結びつきは容易になり，農民は自動車によって低次中心地を通り越して，高次中心地を利用できるようになった。トラックの利用によって鉄道の集配活動を大規模な駅に集中できるようになり，低次中心地では駅のおかげで得ていた中心性が消滅した。こうして，跛行的な中心地の成長が進行し，高次中心地だけが成長していった。

1914～1956年に消滅した低次中心地はすべて，階層の高い中心地から14 km 以内にあった。こうした変化は，小売業の大規模化とチェーンストア経営の出現とによって促進された。大規模な小売店は高次中心地に立地しなければ存続しなかったし，チェーンストアは階層の高い中心地への立地を選択したのである。

1950年代のこの地域における階層の高い中心地は鉄道駅やハイウエー交差点に位置している。最低次の中心地が，これら上位階層の中心地の隙間をうめる形で存在し，供給原理に依拠した分布を構成している。

以上の記述を要約してみると，アイオワ州南西地域における中心地の変遷は，地域内における人口増加と鉄道・自動車交通という交通上の変革によって生じたといえる。こうした交通上の変革が中心地に与えた影響の内容は，クリスタラーが中心地システムの動態論のなかで論じたものと基本的には同様である。つまり，理論的考察と実際の現象が一致しているのである。

2）熊本県における中心地の変化

熊本県を対象地域として，①江戸時代後期，②明治時代初期および③1960年ごろの3つの時期の中心地を比較して，その変遷を研究した結果，以下の変化が明らかとなった（森川，1974）。

江戸時代後期の中心地（町）の空間的分布は，平野部に多く山間部に少ないという人口の分布に対応していた。この時期と比べると，明治初期には人口密度の高い熊本市周辺や玉名平野にかなりの数の低次中心地が増加した。この地域の江戸時代後期と明治初期における交通条件は同一と考えてよい。したがって，財に対する地域的な需要が増大したことにより，主として人口稠密な地域に低次中心地が成立したものといえる。

明治時代中期に鉄道の開通（1891年に福岡市～熊本市間が開通）などにより，中心地間および中心地とその周辺地域間のアクセシビリティ（近接性）

が増大した。これにともない中心地間の競合は高まった。中心地間の競合の結果として現れた変化は，高次中心地と低次中心地の間の競合によって高次中心地が優位になり，低次中心地が相対的に，場合によっては絶対的に衰退したことである。具体的には，熊本市周辺における低次中心地から熊本市への財の購入場所の移行であり，熊本市はその周辺地域に対して中心性を高めたのである。このほかに，八代，大牟田などの熊本市につぐ階層の中心地もその中心性を増大させた。こうした変化が顕著にみられたのは太平洋戦争直後であったが，昭和初期にもみられた。太平洋戦争直後はバス網の大幅な伸長期であり，昭和初期は箱型バスの登場期にあたる。いずれの時期も，交通上の変革があった時期である。

このように階層の高い少数の中心地は成長したが，ほとんどの中心地はその意義を低下させた。とくに県中北部では熊本市の影響を受けて衰退した低次中心地が多かった。これらの低次中心地の衰退は，交通の発達にともなう上位中心地との競合による影響だけでなく，太平洋戦争後の農村地域における現金収入の増大による買い物の多様化も影響している。つまり，これらのことから農村地域内の従来の低次中心地の意味が低下したのである。

以上のことから，明治以降の熊本県における中心地システムは，交通の近代化という大きな変革を主因として，高次中心地である熊本市の成長と近隣の低次中心地の衰退という形で近代的変容を示したといえる。

前記の熊本県でみられたのと類似の変化は，明治期以降の長野盆地においてもみられた。それは，高次中心地である長野市の卓越とその他の中心地の相対的・絶対的衰退の過程であった。この変容に強く作用した要因は，地域内の交通・流通の近代化や産業構造の変化（農業の比重低下）であると考えられる。このような近代化にともなう中心地の変容は，第２章の３「中心地体系の動態論」で述べた論理を証明するものといえる。

3）消費者購買行動の変化

高次中心地の成長はそこへの中心的財の購入のために訪れる消費者の増加が要因である。このことを消費者購買行動（小売商圏）の変化からみてみよう。関東地方，近畿地方，名古屋圏北部における1940・1950年代～1960年代の高次財（よそいき着など）の場合，つぎのような消費者購買行動（小売商圏）の変化があった。

関東地方では，東京区部のほか，水戸市，宇都宮市，前橋市，高崎市，千葉市などの階層の高い中心地への消費者の指向が強くなり，遠隔地からのこれらの中心地への購買行動が顕著になった。一方，階層の高い中心地に近い低次中心地への指向は少なくなり，中心性を失った低次中心地もみられた。近畿地方では，大阪市，京都市，姫路市などの高次中心地への指向が強くなり，これらの都市の商圏が拡大した。名古屋圏では北部の小牧市・犬山市方面への名古屋市の商圏の拡大がみられた。

上記の消費者購買行動の変化は，①高度経済成長期における可処分所得の上昇などにもとづく財の需要の増大，および②自動車交通・鉄道の発達などによる経済距離の短縮によって，高次中心地における高次財の到達範囲の上限が拡大したことを表している。

4）小売商圏の変容の事例

広島県における最近の（小売）商圏の変容（1991～2000年）の概要は，次のとおりである。ここでの商圏は，超広域型商圏，広域型商圏，地域型商圏[4)]に区分されている。

1991年の広島県の商圏は，広島市，福山市，三次市を中心とする３つの広域型商圏によって構成されていたが，2000年には広島市の商圏は拡大し超広域型商圏となった。一方，福山市の商圏は若干の拡大を示したが，三次市の商圏は縮小し，地域型商圏となった。この三次商圏の縮小は，1983年に全線開通した中国自動車道の開通によって，三次市地域と広島市とのアクセスが格段に向上した結果，贈答品や買い回り品を中心に三次市地域から広島市への購買流出が拡大し，三次市の小売吸引力が低下したことによる。これに対して広島市の都心地区の商業集積は，デパートや専門店の進出，地下商店街の新設などのかたちで進展している。要するに，三次市地域と高次中心地である広島市との間の近接性の増大が商圏変容の要因といえる。

広島市の都心地区における最近の商業集積と同様の集積は他の大都市にもみられる。たとえば，福岡市の都心地区である天神・大名地区における最近の商業集積も著しい。この集積を背景として，福岡市と九州の主要都市とを運行する高速バスの便数が増加し[5)]，買い物などを目的[6)]とする来街者が増加している。たとえば，福岡市天神と熊本市を結ぶ高速バスの１日あたりの便数は，2000年の68往復から2005年には100往復と大幅に増加した。この場合は，商業集積が高速バスの運行増加に影響するとともに，後者が前者に影響するというように，交通と商業集積の進展（中心地の変化）の関係は相互作用的である。

第４章　商業・サービス業の立地と中心地理論

1　小売業・サービス業の立地と中心地理論

中心地理論は第３次産業の立地理論として有効であるとされている。これは，中心地理論が中心機能の立地理論であり，この中心機能の代表的なものが第３次産業であるからである。しかし，第３次産業のすべての立地が中心地理論で説明されるわけでない。中心地理論は第３次産業のなかの一部について有効であるというのが正確である。というのは，「中心機能は，周辺地域のすべての住民にとって，ごく一般的に利用されるべきものである。その意味からすれば，特殊な官公庁や特別な専門学校などのようにきわめて広域的に利用されるような施設は，観光施設などと同様に，中心機能をもつ施設とはいえない」からである。したがって，一般の小売業および対個人サービス業が最も中心地理論に適合する第3次産業といえる。

1）小売業の立地と中心地理論

小売業と対個人サービス業がなぜ中心地理論に適合する機能であるかについて，小売業を例に考えてみよう。一般の小売業は，固定した店舗内で商品をそろえて最終消費者に販売することを主業務とする。こうした小売業とそれが供給する財の需要者（一般消費者）の特性との関連を，小売業の立地の観点から整理すると図3-6のように表すことができる。

図中の①需要者が不特定でかつ多数であるという特性，および②需要者は小売財を購入するさいに，商品を直接に検分し（その商品を持ち帰るために），③需要者は通常，財の供給者の立地点まででかける。そして，④この需要者の空間移動に要する時間・労力はもちろん，交通費用も商品の代価とは別の需要者の負担である。

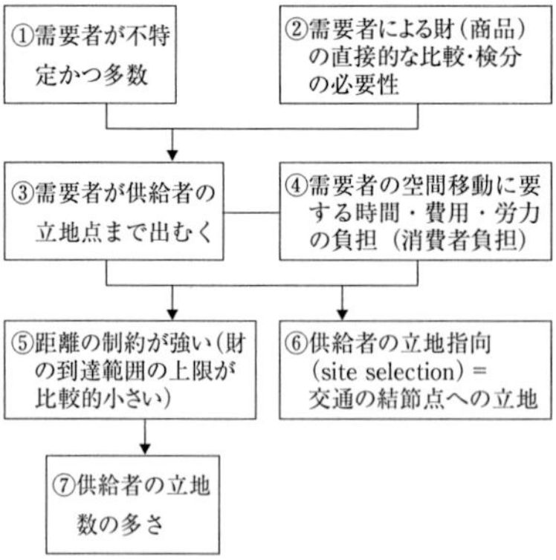

図3-6　小売財の需要者特性と小売業の立地

出典：富田（1986）.

この①の特性が，③と関連するのはつぎのことからである。もし，小売財の需要者が特定かつ少数であれば（商品特性にもとづく購買頻度にもよるが），供給者が需要者を訪問して販売することが可能である。しかし，需要者が不特定多数の場合にはこれは困難であり，また多くの費用を要するので，③の行動が生じるのである。サービス業の場合は，これとは異なる理由から③の行動がとられる。すなわち，映画館や美容院などの対個人サービス業では，これらのサービスを供給する施設の立地点においてのみ，これらのサービスが受けられるというサービス財の特性が関連しているのである。

図中の③と④によって，需要者と供給者の間の経済距離が需要者の空間行動を強く制約することになる。これは，中心地理論の財の到達範囲の上限（小売財の商圏）の存在および上限が比較的小さいことと同じ意味である。また③と④によって，供給者である小売業は一般的に，不特定多数の消費者からのアクセシビリティがもっとも高い交通の結節点への立地を指向するのである。

小売業の空間的分布は，それが供給する財の到達範囲の下限の大小によって大別すると，概念的にはつぎの２つに分けられる。すなわち，下限が小さい低次な小売業は需要者の空間的分布に対応して，比較的分散的な立地ができる。これに対して高次な小売業――下限が大きいために少数しか立地できない――は，上記のように交通の主要な結節点へ立地することによって財の到達範囲の上限をできるだけ大きくして，その大きな成立閾値を達成しようとする。したがって，高次小売業は数が少なく，消費者からのアクセシビリティが高い特定の地点への立地を指向し，低次小売業は数が多く，空間的に分散した立地形態をとる。このことは，高次小売業としてデパートを，低次小売業として八百屋やコンビニエンス・ストアの実際の立地状況を考えれば理解できよう。

２）商業集積地・都市内中心地

商業集積地，すなわち商店街に階層があるのは中心地に階層があるのと同じ論理で説明される。大都市における商業集積地の階層は，①近隣商店街，

②地区中心商店街，③地域中心商店街，④大都市の都心商店街などに分けられる。

商業集積地のこのような階層は，立地する特徴的な店舗，立地する店舗数，立地する商業の業種数，商圏人口，利用する消費者の空間的範囲などの差異とおおむね対応する。この一例として，上記の各階層の商業集積地に立地する特徴的な店舗はつぎのとおりである。①生鮮食料品店，②スーパーマーケット，衣料品店，③大型スーパーマーケット，④デパート，高級専門店。

上述の，階層による特徴的な店舗の違いからもわかるように，これらの商業集積地は，中心地理論の中心地の階層と対応するものである。商業集積地は都市内に数多く存在しているので都市内中心地ともよばれる。このような都市内中心地の数と階層は，大都市ほど多くみられるが，規模が小さな都市では数が少なく，階層も少ない。また中心地の分布と同様に，階層の高い商業集積地は数が少なく，階層の低いそれは数が多い。

東京区部や大阪市などの大都市においては，商業集積地の階層も多い。また，階層が高い商業集積地は数が少なく，階層の低い商業集積地ほど数が多い。東京区部における階層別にみた都市内中心地（1970年代）の概要は以下のとおりであった。

第1位（最高次）の階層は銀座地区のみであり，第2階層には新宿，渋谷，池袋，上野の4地区が，第3階層には小岩，亀戸，中野，自由が丘，品川，蒲田などが属している。第4階層と第5階層の中心地はさらに数が多く，鉄道駅前地区を中心に立地している。このような東京区部における商業集積地の立地の基本パターンは，中心地理論の供給原理と交通原理にもとづいている。大阪市における商業集積地の空間的分布パターンも基本的には供給原理と交通原理にもとづいている。

2　現実の小売業の立地

1）現実の小売業の立地に関する諸条件

現実の小売業の立地は中心地理論と乖離している場合が少なくない。これは均等・均質な地域的条件が現実にはみられないことのほかに，日本の場合つぎのように理論の前提条件と異なる状況がみられることが関係している。

a．兼業商店　小売業は比較的少しの資金，スペース，知識・技術，労働力でも開業できる。またその立地場所については，零細規模であれば法的な規制はほとんどない。これらのことから小売業は開業しやすく，このために零細規模の経営が多い産業となっている。こうした生業型の零細小売業のなかには，小売経営からの収入だけでなく，他からの収入を得ているものもかなり存在している。これを「兼業商店（兼業小売店)」という。

「兼業商店」の全国的な統計資料はないが，宮城県の７つの市町の中心商店街の個人商店経営者を対象とした調査では，商店の40％が専業商店，60％が兼業商店であった。この兼業商店の57％は商店経営による収入よりもそれ以外からの収入（年金，不動産収入，給与）のほうが多い兼業商店であった[7)]。

中心地理論の前提では，「利益が生じないような中心機能の立地はない」が，実際にはこの「兼業商店」を中心として，利益を得ていないとみなされる中心機能（小売業）の立地もある。

b．交通手段の発達　自家用車の普及，公共交通や道路の整備などがもたらした人々の空間的移動性の増大と社会の富裕化（余暇時間の増大と可処分所得の増加）によって，消費者が求める財を最近隣の中心地とは異なる中心地で購入するという行動は増加する。

この結果として，消費者の小売店舗の選択理由として「自宅の近くである」という理由をあげる消費者は減少し，「関連商品を1カ所で買える」「種類が多い」「楽しく買い物ができる」という理由をあげる消費者が増加している[8)]。このように，とくに高次財の場合には，中心地理論の前提条件のひとつである「最近隣中心地利用仮説」は実際にはみられないことが多い。

c．自家用車の普及　上述の交通手段の発達のなかで，「自家用車の普及」が小売店の立地に及ぼした影響はきわめて大きい。日本の自家用乗用車の普及は著しく，2005年における1世帯あたりの自家用車台数は1.1台となった[9)]。

自家用車を利用することは，次の2つの点で買い物行動を大きく変えた（荒井他，1996）。そのひとつは運搬手段としての自家用車が「大きな買い物かご」であるという効用である。2つめは，移動手段としての自家用車の効用であり，これはつぎの2つに分けられる。①自家用車は行動圏を飛躍的に拡大し，利用する中心地の選択肢を増加させた。②時間と行き先が固定されている公共交通機関を利用する場合と異なり，自家用車を利用すれば時間と空間の両面で自由度の高い移動ができる。

上述の自家用車の利用を前提として，消費者の居住地からかなり遠距離地区でも駐車場を備えれば，大規模小売店などの中心機能の立地が可能となった。後述する郊外のショッピング・センターやロードサイド店がこの代表的事例である。

これに対して，自家用車の普及によって，公共交通機関のターミナルである鉄道駅や都心地区に立地する中心商業地区は，駐車料金・駐車場の確保や道路混雑から，自家用車利用者にとって利用しにくいものとなった。

d．店舗の立地規制　1974年から2000年まで施行された大規模小売店法（大店法）が自由な大型小売店舗の立地を規制していた[10)]。この規制制度が，理論的な大型店の立地と実際のそれとの乖離をもたらしていた場合もあったと考えられる。さらに，この大店法の立地規制対象は一定の売り場面積以上の小売店舗であったために，店舗面積を規制基準ぎりぎりに抑制した中型スーパーマーケットや，この面積規制を受けないコンビニエンス・ストアが増加した。とくに地域的にみると，前者は郊外に，後者は既成市街地に多く立地した。

大規模小売店法は2000年に廃止され，かわりに同年に大規模小売店舗立地法が施行された。この法律の届出対象は面積1,000m^{2}以上の店舗であり，出店手続きの大幅な簡素化，閉店時刻や休店日数の届出の廃止，出店地域の環境保全（交通渋滞対策など）[11]を特徴としたものである。

2）小売店の郊外立地

a．小売店の郊外化　日本では人口の郊外化や既述の自家用車の普及などの影響によって，小売店の郊外立地が顕著であり，これとも連動して地方都市の多くの中心商店街は空き店舗が多いなどの衰退傾向を示している。この衰退現象の要因としてつぎのことを指摘できる[12]。

①　都市中心部における人口減少と人口の郊外化。

②　買物行動における自家用車利用の増加。

③　郊外における小売店（とくに大型小売店）の立地。

④　中心地階層からみた地方都市よりも階層が上位の都市への消費者の購買流出。

地方都市における中心商店街の衰退は全国的にみられる。そこで政府はその活性化を目的として中心市街地活性化法を制定し[13]，さらに郊外における大型商業施設の出店規制を検討している（2005年）。

b．郊外のショッピング・センターの立地事例　郊外における大規模ショッピング・センター（SC）の立地の事例として，青森県西津軽郡柏村（2005年に町村合併により「つがる市」となった）のショッピング・センターの場合についてみてみよう。この事例は，既述の大規模小売店法が関係して大型小売店の自由な立地が実現しなかった事例でもある。

青森市の西25kmに位置する五所川原市にイオングループがSCの建設を計画したが，同市の商業者の反対を受けてこの計画を断念した。これに目をつけたのが，五所川原市に隣接する西津軽郡柏村である。人口約5,000人の柏村は農業中心の村で，同村の議会が安定的な雇用の確保と産業振興を目的として，このSCの誘致を決めたのである。このSCの進出によって影響を受ける同村の小売業者は少なく，また村民の多くは村外に依存した購買行動をとっていたために，SC誘致に対する強硬な反対はなかった。

1992年に開業した同SCは，売り場面積が約16,000m^2，敷地面積は11万m^2，駐車台数2,200台の大規模な広域型SCである。また，SCの周辺地区では別の大型小売店や専門店（ホームセンター，食品スーパーマーケットなど）も立地し，同SC地区の大型店の総売り場面積は2000年には46,525m^2に達した。これらによってSC地区では800人雇用が増え，村の税収（村民税と固定資産税）も増えた。さらに，SC地区における日常的な買い物の利便性の向上から，SCの周辺地区での住宅建設が進展した。このSCの立地事例は，工場立地とは異なる商業立地による地域振興の事例でもある（坪田，2001）。

このように低次中心地（人口が少ない町や村）においても大規模SCが立地している場合もある。鳥取県米子市に隣接する日吉津村に，1999年に開業した大規模SCもこれに該当する[14)]。これらの大規模SCの立地は，消費者の自家用車の利用による空間的移動性の高さが可能にしたものであり，広範囲の地域から消費者を集める高次中心機能である。こうした事例は，低次中心地における高次中心機能の立地という点で，中心地理論では説明できないことである。

第５章　地域計画と中心地理論

中心的財が一定の財の到達範囲をもち，さらにこの到達範囲は財による違いがあるという性質に着目して，その財を供給するさまざまな中心機能（公共的な施設も含めて）の立地計画あるいはその集積地としての中心地の空間的配置を内容とする地域計画は世界各国でみられる。ここではドイツにおける事例をみてみよう。

1　ドイツにおける空間整備法と中心地理論

1）空間整備法の理念

ドイツでは中心地理論が地域計画の柱となっている。1965年に制定された「連邦空間整備法」においては中心地理論の概念が基軸となっていた。この空間整備法の基本的目標はつぎのとおりである。

国民各人が社会のなかで自由な個性の啓発ができるように，自然条件の十分な考慮のもとに，社会・経済・文化の諸要求に対応した空間構造を発展させるべきである。個性の自由な啓発ができる条件とは，各人が平等な発展機会を得ることであり，それは全国全地域の住民に同等の生活条件が与えられることによってはじめて達成されるものと考えられる。ここで同等というのはまったくの「平等」を意味するものではない。同等とは，社会資本，就業条件，環境条件がそれぞれ定められた一定の枠内の条件（最低基準）を満たすことを意味する。

この空間整備法の意図は，つぎのように要約できる。すなわち，種々の供給施設の立地する中心地から適度な距離に全国全地域を位置づけるように，中心地の振興を図り，地方分権的開発のもとで全国を魅力ある生活空間とし，過疎と過密の問題を同時に解決しようとするものである。

2）中心地の階層区分

中心地は供給の核として地元住民の需要に応えるだけでなく，その関係住民に対して任務をもつ社会・経済・文化諸施設の集積地であると定義されている。実際の中心地の階層区分の事例は，次のとおりである。

(1)　下位中心地と小中心地。これらの階層の中心地はいずれも近隣圏をもち，圏内住民に対する基礎的供給に従事する。下位中心地は小中心地にくらべて人口が多く，やや上級の施設をもつ程度で，両者の間には本質的な差異は認められない。関係圏内にはいずれも5,000人以上の人口が居住し，居住地から中心地へ到達する快適距離としては公共交通機関で30分以内が適当とされている。

(2)　中位中心地。近隣圏のための基礎的供給以外に高次需要を充足する諸施設をもつ。中位圏の人口は2万人以上で，公共交通機関でその中心地へ60分以内に到達できることが条件である。

(3)　上位中心地。上位中心地はさらに上位の専門的需要を充足する上位圏

表3-3　ドイツの空間整備法による中心地の社会資本整備の目標例

中心地の階層	商業・金融	余暇とスポーツ	保健関係	教育・文化関係
上位中心地	大規模デパート，銀行，保険会社など	動物園，閉店時刻の遅い居酒屋，室内大球技場，50mの室内プールなど	大学病院，特殊診療科目のある拠点病院など	大学，広域的図書館，無休博物館，劇場など
中位中心地	デパート，スーパーマーケット，多数の専門店など	400mトラックのあるスポーツ場，多目的室内プールなど	3科目の救急病院，外科医など	大学進学校，職業学校，成人教育施設，市民大学，公共図書館
下位中心地	小売・手工業サービス業施設	遊戯場，スポーツ場	医院，薬局	基幹学校

出典：森川（1988）より作成．

をもつことが規定されている。上位中心地の人口は10万人以上，上位圏の人口はほぼ50万人以上とされ，上位中心地への快適距離は自家用車で約１時間，公共交通機関で１時間半が限界とされている。

各階層の中心地がもつべき社会資本の目標の一部は表３-３のとおりである。この表によって，とくに余暇・スポーツ分野の目標レベルはかなり高い水準であることがうかがえる。中心地の認定は当該市町村の意思によるものではなく，ドイツ各州の開発構想によって定められたものである。

2　中心地理論の意義

ベリー（1967）は中心地理論の意義についてつぎのように述べている。「多くの都市は，おもに市場センターとしてしての役割のために存在する。そのかぎりではそれらの都市は，必要な商品とサービスの購入に訪れる消費者に便利な焦点となる場所に立地する小売およびサービスの事業所の密集以外の何ものでもない。中心地理論は，これら諸活動の密集の位置・規模・性格・間隔の理論であり，したがって都市地理学と小売業およびサービス業務の地理学の多くのことがらの理論上の基底をなしている」。

中心地理論は中枢管理機能および第３次産業の階層的配置から形成される重層的な結節地域構造の分析にも有効である。これについては本書の第４部第２章で述べる。中心地理論はさらに，このような経済立地の地域構造だけでなく，行政地域の再編成，地域計画，公共施設の立地計画など行政的な分野にも適用・応用できるという点でも意義がある。これは，中心地理論の基本をなす供給原理にもとづく中心地システムが，最少数の中心地（供給施設）ですべての住民にくまなく各種の財やサービスを供給するという効率と公平の２つの原理を満たすからである。

〔注〕

1）中心地階層に用いられているアルファベットは，それぞれ当時のドイツにおける集落の規模を表す一般的な名称の頭文字をとったものである。Landeshauptstadt（地域の主要都市），Provinzhauptstadt（州の主要都市），Gaustadt（県の主要都市），Bezirksstadt（地区レベルの都市），Kreisstadt（地区の小都市），Amtsort（低次な官庁所在地），Marktort（市場所在地）。

2）当時のドイツにおける一般家庭の電話普及率は低く，人口40人あたり電話1台であったが，病院などの中心機能はその規模にほぼ正比例して電話が設置されていた。このことから，ある中心地の電話台数によって中心機能の集積量を把握できると考えたのである。

3）たとえば，ミュンヘンの南南西方向の地域の場合は自然条件（山地，コンスタンス湖）から行政（隔離）原理に支配されてG階層の中心地であるケンプテン（ミュンヘンとの距離は108km）など複数の中心地に（P階層の中心地が）分割されていると考えられる。

4）商圏の類型別の定義は次のとおりである（北川，2001）。超広域型商圏：中心都市への買い物流出率が20％以上ある市町村を10カ所以上有し，商圏内人口が150万人以上の商圏。広域型商圏：中心都市への買い物流出率が20％以上ある市町村を10カ所以上有し，商圏内人口が50万人以上の商圏。地域型商圏：中心都市への買い物流出率が10％以上ある市町村を3カ所以上有する商圏。

5）福岡市と九州の主要都市（熊本市，長崎市，大分市，鹿児島市，佐賀市，佐世保市，宮崎市などの11都市）間の高速バスの運行本数は，1日335往復である（2000年）。九州新幹線（福岡市―鹿児島市）の全線開通の予定は2010年であり，この開通によって福岡市における商業集積の一層の進展が予測される。なお，西日本シティ銀行が調査した，九州各地から福岡市へのおもな交通手段の割合は（県による違いはあるが），自家用車が40％，JR（鉄道）：26％，バス：23％である（西日本シティ銀行，2004）。

6）九州に住む成人が福岡市を訪問する目的別の割合は，ショッピング：40％，ビジネス：19%，観劇・コンサート・美術鑑賞：13%であり，福岡市の魅力として，81%の人が「ショッピング施設が充実している」を，58%が「イベント，コンサート，祭りが多い」をあげている（西日本シティ銀行，2004)。これは，2004年に実施された，九州７県の20歳代から60歳代の男女に対する調査結果（回答者551人）による。

7）宮城県の白石市，富谷町，小牛田町など７つの市町を対象とした2002年の調査による（千葉，2003a,b)。

8）上記７）の７つの市町における30～40歳代を中心とした女性の回答によれば，地元の商店街ではなく，（郊外の）大型小売店で買い物をする上位の理由と回答者の割合は次のとおりである。「品揃えのよさ：73%」「１カ所ですむ：62%」「価格が安い：58%」「駐車場が広い：48%」（千葉，2003a,b)。

9）自家用車の普及は1970年代以降のことである。世帯あたりの自家用自動車の台数は，1967年には10世帯に１台であったが，1975年に２世帯に１台となり，1988年には１世帯に１台を超えた。

10）1979年施行の改正大店法では，建物設置者は店舗を新設または増設する場合，売り場面積が1,500m^2以上の場合は通産大臣に，500m^2以上1,500m^2未満の場合は都道府県知事に，届け出なければならなかった。届け出とはいえ，実態は限りなく許可制に近かった（草野，1992)。さらに，地方自治体が独自に設けている条例・指導要綱による小売業の立地規制があった。これは自治体が，既存の小売業者の保護をおもな目的として制定したものであり，大店法で定めた基準面積には該当しない500m^2未満の店舗も立地規制するものである。こうした要綱・条例を施行している自治体は1988年の調査では，全国で18都府県，843市町村（全国の４分の１）に及んでいた（日経流通新聞編，1989)。

11）店舗の売り場面積に対する駐車場台数を規定するなどの内容であり，1998年に施行された。

12）中心商店街を含む地方中小都市の商店街への来街者が減少した主要な理由として，「商店街外の大型店に顧客が流出」「商圏地域の人口や世帯数の減少」のほか,「個店の近代化の遅れ」や「環境整備の不備」などの商店街自身の努力不足が指摘されている（山川，2004)。

13）この法律は，中心市街地の再活性化のために，空き店舗・空き地の活用，駐車・駐輪施設の整備，景観整備などを行うことを内容とするものであり，1998年に施行された。

14）名称は，ジャスコ日吉津ショッピング・センター。キーテナントはジャスコであり，シネマコンプレックスとボウリング場を併設している。店舗面積は29,000m²，駐車台数は2,400台である（山下，2004)。

第4部　オフィス立地の理論と実際

第1章　オフィス就業者の定義と重要性

1　オフィス就業者の定義

オフィス就業者は一般には，つぎの3つのオフィス的職業就業者の総体をさす。

①　専門的・技術的職業従事者（教員，保健医療従事者，技術者，法律家，会計士など）

②　管理的職業従事者（企業・行政機関などにおける管理的職業従事者）

③　事務従事者（企業・行政機関などにおける事務従事者）

このように，オフィス的職業は専門的・管理的・事務的職業とされ，事務系職種ということもある。これらの職業に従事する人を「事務系就業者」あるいは「ホワイトカラー」とよぶこともあり，その多くはオフィス（事務所）で就業している。典型的にはオフィスビル（事務所用建物）において就業するが，オフィスビルと異なるところにも，オフィス就業者は存在する。たとえば，大工場，デパート，物流施設においてもオフィス機能は存在し，オフィス就業者がいる。こうしたオフィスは，「付帯的オフィス」とよばれる。アメリカ合衆国の都市におけるオフィス就業者の約3分の1は付帯的オフィスにおける就業者であるという。

第4部では，この付帯的オフィスは対象とせずに，典型的なオフィス型事業所といえる大企業の本社・支店を中心にして，その立地についての理論的な考察と実態の概要を述べる。

2　オフィス就業者の重要性

オフィス（事務系）就業者の全就業者に対する割合は増加傾向にある。日本における職業大分類別就業者の割合の時間的変化をみると，この事務系職種の就業者は1955年にはわずか15%であったが，1990年には34%となり，工場生産職種を上回り，最大の構成比となり，2000年には36.5%となった（表4－1）。この構成比は大都市とくにその都心地区において高い。たとえば，東京都区部と東京都千代田区では従業地就業者総数の48%と63%を事務系就業者が占め，大阪市と大阪市中央区では43%と52%を占めている（2000年）。これら都心地区の事務系就業者の多くはオフィスビルで活動していると考えてよい。

日本の事業所・企業統計調査では民営事業所の形態別（「事務所・営業所」「工場等」「店舗・飲食店」など7区分[1)]）の集計がされており，これを用い

表4－1　日本の職業構造の変化

(%)

	事務職種	サービス職　種	工場生産職　種	その他の生産職種	計
1955年	15.1	19.4	24.0	41.5	100.0
1970年	24.5	23.8	32.2	19.5	100.0
1990年	34.4	26.7	31.3	7.6	100.0
2000年	36.5	28.9	28.2	6.4	100.0

出典：オフィス分散研究会（1989）などより作成.
注：サービス職種：販売従事者，運輸・通信従事者，保安職業従事者，サービス職業従事者.
その他の生産職種：農林漁業従事者，採掘従事者.

ておおまかなオフィス就業者数を知ることができる。事業所の形態が「事務所等（事務所と営業所）」である場合は，おもに事務系就業者が就業していることが多いからである。この事務所等における就業者の割合を産業別にみると，その差が大きいことが明らかである。この割合が高いのは，金融・保険業，卸売業（商社），サービス業のなかの情報サービス・調査業である（表４－２）。オフィス就業者は産業横断的に存在するために，オフィス就業者の割合が高い産業をオフィス産業として既存の産業分類のなかで位置づけることはできないが，このようにオフィス就業者の比重が高い産業を区別することはできる。

表４－２　産業別の事務所等従業者比率

（全国，2001年）

産　　　業	%
全産業	38
建設業	70
製造業	20
運輸・通信業	57
卸売業・小売業・飲食店	27
卸売業	73
金融・保険業	97
サービス業	41
情報サービス・調査業	97
専門サービス業	66

出典：事業所・企業統計調査により作成.

現代日本の都市成長はオフィス雇用との関連が強いと認識されている。とりわけ，オフィス機能のなかでも大企業の本社・支所を中心とする経済的中枢管理機能[2]の立地・集積が都市成長を促進すると考えられている。この具体例は，第４章で述べるように，大企業の支店集積が広域中心都市の成長に寄与したことである。

第２章　オフィス立地に関する諸理論

オフィス立地の演繹的，体系的な理論は構築されていない。本章では，オフィス立地に関する理論的な考察として，以下の３つのものを取り上げることにする。これらは，それぞれオフィス立地の原理的な一面を説明するものである。

1　ヘイグの理論

ヘイグは1920年代に都市内のオフィス立地に関する原理についての先駆的な考察を行った。彼の考察においては，オフィス部門のみでなく，工業や商業など当時のニューヨーク市における主要な経済活動全般を対象としているが，ここでは，オフィスに関連が深い部分の要約をする。

都市の中心がもつ本質的な性格は，その周辺地域のすべての部分に対するアクセシビリティ（近接性）である。この都市中心のもつ有利性から，多くの活動は障害となるような力がなければ中心に立地しようとする。しかし，これらの活動は中心がもつアクセシビリティの質を有効に利用しうる程度が異なっている。つまり，これらの活動がアクセシビリティを利潤に転換しうる程度には差異がある。この場合，諸活動の優位序列は競争的入札によって定まる。入札の付け値の相対的大きさは，基本的には各種の活動が場所をいかに有利に利用しうるかという程度によって決まる。

アクセシビリティの意味は，「接触の容易さ」すなわち相対的に少ない摩擦で接触できるということである。この摩擦は，空間の摩擦（friction of space）であり，「交通」によって克服される。交通は利用する人にエネルギー，時間，および貨幣的費用の支出を強いる。都市の中心位置はこの交通に要する支出を最小にしうる地点である。ところが，この中心位置からの利益をひき出すすべての諸活動を収容させるべき空間が中心位置には十分にないために，ほとんどの中心位置はその便利さを最もよく利用しうる活動に対してのみあてがわれる。それは高い「地代負担力（地代支払い能力）」のある活動である。そしてその他のものは，アクセシビリティのより劣る位置をとるのである。

位置地代は相対的に低い交通費によって到達性が得られる位置に対して課せられる料金・代償である。位置地代と交通費とは実際上，空間の摩擦に対する関係を通じて関連している。これらはともに「摩擦の費用」（cost of friction）と名づけるべきものである。立地を求める経済活動は，それが中心に近づけば位置地代が増加し，交通費は低下するということを見いだす。つまり，交通費はこの摩擦を縮小させる手段に対する費用である。

このようにヘイグは，都市における諸活動の配置は，基本的には中心位置のもつ近接性という利益に対するそれぞれの活動の異なる欲求と地代支払い能力によって決定されると考えた（本書の７～８頁を参照）。

ヘイグは都市の中心位置を求めて高い地代・地価を支払う機能のひとつとして，企業の「管理機能」タイプの事務所をあげている。企業の管理機能は，金融・保険やさまざまな専門職などの広範囲のビジネス活動を総合・統制する機能である。したがって，管理機能は多くの物的流通を直接扱うのでなく，情報の受け渡しが主要な業務である。このことから，「知識・情報の輸送」ということが活動上きわめて重要である中枢管理機能タイプの事務所は，この情報の輸送の摩擦抵抗費用を最小化するために，中心位置を指向するのである。すなわち情報の輸送には，郵便，電話などの伝達手段が頻繁に使用されるが，対面的な会談がビジネスをなしとげる手段として最も重要であり，それゆえ，この対面接触が容易にできる近接性を重視した立地指向，つまり上記の摩擦抵抗費用を最小化できる CBD（Central Business District　都心業務地区）指向が強いのである。CBD をめぐる立地競合のさいに作用する地代付け値競争において，企業本社を典型とする管理機能の地代支払い能力は大きい。したがって，都心地区に大企業の管理機能が集積する。

上述のことからヘイグの研究の意義は，都市における中心への経済機能など諸機能の集中は，彼のいう空間摩擦を克服するコストを最小化しようとする行為の結果であることを説明したことといえる。これを別に表現すれば，都心地区におけるオフィス集積の主因は，意思決定のための情報収集や諸会議のための人的な接触の利益が得られることにあると論じた点に意義がある。

2　中心地理論の適用

中心地理論が適合する産業分野は，すでにみたように市場空間に散在する最終消費者に財やサービスを直接的に供給する小売業・対個人サービス業である。しかし，後述するようにかなり多くの大企業（製造業や金融・保険業）の本社・支所は，都市の階層的序列に対応した立地展開をしている。つまり，中心地理論的な立地傾向が認められるのである。行政機能を含む中枢管理機能および第3次産業の階層的立地と都市の階層的秩序との関連は次のとおりである。

中枢管理機能の核となるのは国家機能である。中央政府の各部局は，都道府県域を越えた全国のいくつかのブロックごとに出先機関を配置する。これらの出先機関は，部局によって多少異なるが，多くの場合，それぞれの地方の特定の都市に集中配置され，そこを広域中心都市にするに決定的な役割を果たす。広域中心都市[3)]（地方中枢都市ということもある）とは，札幌，仙台，広島，福岡の4都市である（これに高松市を加えることもある）。

中央省庁	地方ブロック管轄出先機関	県域管轄出先機関
東　京	札　幌	函館・旭川・釧路
	仙　台	県庁所在地都市
	（東京）	県庁所在地都市
	名古屋—金沢	県庁所在地都市
	大　阪	県庁所在地都市
	広　島	県庁所在地都市
	高　松	県庁所在地都市
	福　岡—熊本	県庁所在地都市

図4－1　国家行政機関の立地からみた都市の階層

出典：長谷川他（1992）.

さらに，「都道府県」という地方自治体があり，国家機構の一角を占める。都道府県庁所在都市が国家機構の地域的ネットワークに包摂され，そこに県域を管轄する出先機関が配置されるのである。そのもとに「市町村」という地方自治体があり，このネットワークの最末端に位置づけられる。こうした国家行政機関の階層性と都市階層の関連を，模式図的に示したのが図４－１である。

民間の巨大企業の中枢管理機能も国家機能ときわめて似た立地・配置を示す。すなわち，規模が大きい企業ほど，首都でもあり同時に国際都市でもある東京に，本社機能を置く傾向が著しい。そして，各地域での販売，受注，広告宣伝，情報収集を担当する支社，支店，営業所といった「出先機関」を広域中心都市＝地方中枢都市，県庁所在都市，地方中心都市，地方中小都市に階層的に配置する。

たとえば，大手家電メーカーの販売網はつぎのようなネットワークを形成している。①全国を統括するメーカー本社または販売会社本社の下に，②地方ブロック単位にメーカーまたは販売会社の営業所が配置され，その下に③府県単位に地区販売会社が配置される。さらに④府県内を複数の部分地域に分割した地域単位に地区販売会社の営業拠点が配置されている。そして，この営業拠点の下に多数の系列化した小売店が存在している。

総合商社や全国的な店舗展開を示す保険会社，都市銀行などの民間大企業の支所配置も，都市階層性に対応している。

このようにして，国家機構，民間大企業の中枢管理機能，卸売業，金融・保険業に代表される「ネットワーク型」の第３次産業の全国的な立地・配置の展開によって，それぞれの階層の都市を拠点にして管轄圏や管理圏といった「補完地域」が重層的に編成されているのである。

以上のような中枢管理機能やネットワーク型の支所の空間的展開の基本は，中心地理論の概念（中心機能の階層性や成立閾値など）を適用することによって，説明・理解できる。換言すれば，中心地理論は小売業だけでなく，大企業のオフィス立地を研究するさいの理論を提供するものといえる。

3　集積論

大企業の中枢管理的なオフィスが特定の大都市に集中するのは，①企業相互の接触，②高度熟練労働市場，および③補完的・補助的な対企業サービスが，オフィスの運営上必要とされることを反映している。とくに本社レベルのオフィス活動では，①と③に関連した「外部経済」の必要性が大きい。

このことは，本社の経営管理者には意思決定しなければならないさまざまな事項（購買，販売，財務，人事など）があることからも理解できよう。したがって，大企業本社は上記の3つの必要性が達成されやすい大都市に集中するといえる。上記の①と③は「同業種集積の利益」あるいは「異業種集積の利益」指向であり，両者をまとめて「接触の利益」指向といえる。②は労働力指向といえる。同業種集積の利益の一例は，同業他社・同業の業界団体と近接していれば，情報の入手や交換が容易にできることである。

大都市に企業本社が集積する理由としての，上述の「接触の利益」についてもう少し説明してみよう。大企業本社にとって，対面接触の機会を簡単に設定できること，および高度な専門情報を容易に入手できることは経営上，必要性が高い。また，情報入手や伝達に要する時間と費用が少ないほうが望ましい。とりわけ，重要な情報入手の迅速性は経営に決定的な影響を与えることがある。現代はさまざまな情報伝達機器が発達しており，瞬時に情報伝達は可能であるが，対面接触でのみ伝達される情報の場合は，これらの機器の意味は希薄となる。一般に対面接触でのみ入手・伝達できる情報は，重要な，機密性のある，非公開的な，複雑・微妙な情報である。さらに，3人以上の人が同時に話し合えるのは，テレビ会議を除けば，対面接触においての

表4-3　対面接触が必要な理由

理　由	第1位の選択(%)	複数回答の合計(%)
相談，書類の交換または署名	28	17
多数の人が参加する会議のため	25	18
情報の収集	18	20
場所の検分	7	10
反応の評価	6	13
説得のため	4	7
秘密の保持	3	5
親密な関係の維持	3	7
人柄の評価	3	－
礼儀	1	4

出典：アレキサンダー著，伊藤・富田・池谷訳（1989）より作成.
注：1）回答企業数は300，指摘された理由項目の総計は919.
　　2）－は0.4%以下.

み可能である。このような対面接触が容易にできるという条件――同業種・異業種集積――をそなえているのは大都市の都心地区である。

企業活動として対面接触をする目的について調査した結果を表4-3でみてみよう。この表は，ロンドン郊外のオフィスの管理職員がロンドンの中心地区の他のオフィスとの接触を電話でなく，対面によって行う理由についての調査結果である。これによれば，対面接触の理由として多いのは，「相談，書類の交換または署名」「多数の人が参加する会議のため」および「情報の収集」である。これらの理由のウエートは，国や職種（管理職，一般事務職など）による違いがあると考えられる。国による違いとしては，国民性が関係している場合もあろう。たとえば日本においては国民性から，「親密な関係の維持」や「礼儀」などの理由で対面接触することが多いであろう。

諸外国におけるオフィスの都心立地の要因調査結果をみても，「集積の利益」すなわち「接触の利益」がその要因のなかに必ず含まれている。すなわち，ロンドン，シドニー，トロントなどにおける調査結果でも，「外部の組織との接触」「政府および諸機関との接触」「顧客・依頼人への近接性」「関連業務への近接性」「諸サービスへの近接性」「意思決定者の集中」などが指摘されているのである。

第3章　大企業の本社立地

1　本社立地の国際比較

主要な国における大企業の本社立地パターンは，大きくつぎの2つのグループに分けられる。

(1)　日本などのように，首都などの特定の大都市に集中立地する国。日本のほか，フランスのパリ，イギリスのロンドン，韓国のソウル，オーストリアのウィーンなどがその典型であり，オーストラリアのシドニー，イタリアのミラノ，ベルギーのブリュッセル，スウェーデンのストックホルムなどもこれに該当する。これらの国では，主要企業の本社の40～83%程度が上記の都市に立地している。

(2)　特定の都市への集中の程度が低く，比較的に分散的な立地パターンがみられる国。この例はアメリカ合衆国やスイスなどである。これらの国においては，大企業の本社が最も多く立地する都市でも，全体の20%程度以下を占めるにすぎない。

こうした本社の特定都市への立地状況は，対象とする企業の規模や産業などによって差異があるが，2つのグループ間の違いは大きい。

上述の2グループの差異を統一的に説明することは困難である。かなり多くの国について説明力があるのは，国の政治制度が中央集権制か地方分権制かという違いである。日本，イギリス，フランスなど，単一国家として長期にわたって中央集権的政治体制がとられてきた国では，大企業本社の首都への集中が著しい。一方，アメリカ合衆国やスイスなどの，連邦制国家として強い地方分権制をとってきた国では，特定都市への本社の集中傾向は希薄である。この場合は，国による経済活動への介入の程度によって生じる，大企業と国家機関との接触の必要性の差異から，本社の首都集中度の違いを説明できるとされている。たしかに，経済活動と政治の結合関係が比較的弱く，地方分権的な国の代表であるアメリカ合衆国などでは，首都と経済の中心都市が異なっている。

ところが，中央集権的な単一国家であるイタリアではその首都であるローマへの集中は弱く，また連邦制国家であるオーストラリアではシドニーへの集中度が高い。こうしたことから，国の政治制度のみならず，その国の自然条件，歴史的条件，さらに社会経済的な慣習・システムなども大企業の本社立地に関連しているといえる。

2　日本における本社立地の変遷

都市別の大企業[4)]の本社数の推移を示した表４-４からわかることは，つぎの３つにまとめることができる。

⑴　東京（区部）は1950年以降，一貫して最大の本社集積都市である。しかし，東京の全国に対する割合は低下している（1950年：53％，2000年：40％)。東京の本社数は増加を続けてきたが，対象企業数の増加のほうが著しかったので，相対的には低下したのである。

⑵　大阪市は東京についで第２の本社集積都市としての地位を保ってきた。全国に占める割合は15％程度である。

⑶　表４-４中の11主要都市の占める本社数の割合は，1950年には83％であったが2000年には70％と低下した。したがって，11主要都市以外の都市ま

表4-4　大都市に立地する大企業本社数の推移(1950～2000年)

都　市		1950年	1970年	1985年	2000年
札　幌		5	12	18	28
東　京		413	765	823	1,001
横　浜		19	33	35	58
川　崎		9	27	20	26
名古屋		24	65	71	98
京　都		16	31	39	55
大　阪		113	237	256	361
神　戸		28	33	44	59
尼　崎		8	15	20	14
広　島		4	10	18	23
福　岡		11	19	19	39
小計	N	650	1,247	1,363	1,762
	%	83	79	75	70
その他		130	329	454	738
全国計		780	1,576	1,817	2,500

出典：阿部・山崎編（2004）などより作成.
注：1）%は小計／全国計.
　　2）その他は主要都市を除く地域の計.

表4-5　複数本社制をとる大企業数の推移

本社所在地	1960年	1970年	1985年	2000年
東京と大阪	0	22	32	96
東京と大阪以外の都市	0	36	65	124
大阪と東京以外の都市	6	14	22	11

出典：阿部（1991）などより作成.
注：対象企業は表4-4と同じ.

たはその近隣地域を創業地とする大企業が多くなったといえよう。

表4-4は各企業の登記上の本社所在地にもとづいている。しかし，実際には2本社制を中心とする複数本社制をとる企業もかなり多いが，そのほとんどは第2本社を東京に置いている。これら第2本社を東京に置いている大企業数は，1970年以降に多くなり，とりわけ1990年代以降に多くなった（表4-5）。この傾向は，登記上の本社所在地が大阪市および大阪市以外の企業

表４-６　９大商社の東京オフィスと大阪オフィスの従業者数の変化

９大商社	1961年		1985年		2002年	
	東京	大阪	東京	大阪	東京	大阪
伊藤忠商事*	1,507	2,027	4,678	1,349	3,015	1,039
丸　紅*	1,439	1,919	4,495	1,077	1,755	371
トーメン*	736	1,443	1,448	643	547	172
ニチメン*	740	1,091	1,458	1,167	559	263
兼　松*	516	823	1,359	605	485	31
日商岩井*	1,613	1,414	3,281	1,184	1,075	171
住友商事*	928	1,138	3,580	909	2,196	259
三井物産	3,140	1,199	5,627	1,125	3,490	355
三菱商事	2,878	1,137	5,601	1,065	3,476	354
計	13,497	12,191	31,527	9,124	16,598	3,015

出典：阿部（1991）などより作成.
注：１）資料は有価証券報告書.
　　２）*は1970年時に大阪（関西）本社・東京本社の２本社制をとっていた企業.

ともにみられる[5)]。このような第２本社数の推移は，大企業本社の東京指向を表すものである。

９大商社の東京区部と大阪市に立地するオフィス（本社と支所）の従業者数の推移を示した表４-６からも，９大商社の東京指向（従業者数からみた東京の重視）がわかる。このような動向は同表には記載されていないが，1970年にすでにみられた。なお，表４-６中の2002年の各企業の従業者数が1985年より大幅に減少しているのは，企業のリストラクチャリングなどによる従業者の削減のほかに，社内組織の一部を分社化したことによる影響もある[6)]。

３　大企業本社の東京への集中要因

大企業本社の東京への集中の要因を，東京に立地する企業本社に対するアンケート調査から検討する。

大企業本社が東京に立地するメリット・デメリットについてのアンケート

表4-7　東京に本社を置くメリットとデメリット

メリット	%	デメリット	%
業界・他社情報が得やすい	47	オフィス・スペースが十分とれない	66
市場・顧客情報が得やすい	43	オフィスの賃貸料・購入費用が高い	59
全国各地への交通アクセスがよい	39	従業員の通勤時間が長い	46
関係官庁との接触・情報入手に便利	38	交通渋滞が激しい	31
販売などの取引面で有利	32	従業員の住宅事情が悪い	29
支店などの統率に便利	23	従業員の住宅対策コストが高い	25
人材の確保	17	従業員の通勤手当が高い	7
人口などの市場規模が大きい	14		
企業イメージが高まる	13		
技術情報が得やすい	7		
海外への交通アクセスがよい	7		
業務支援サービスの利用が便利	7		

出典：オフィス分散研究会（1989）の図から作成．
注：1）調査対象は東京都区部に本社を置く上場企業等1,714社，有効回答数529．
　　2）％は複数回答による．５％以下の項目は省略した．
　　3）原資料は，国土庁調査（1988年）「事務所，研究所等の地方立地促進方策に関する調査」．

調査は，これまで多数あり，その結果は，アンケートの時期や対象企業の規模・業種などにより若干の差異がある。しかし，どの調査結果においてもメリットの上位項目として，情報入手に関する優位性があげられている。

表4-7は東京区部に本社がある大企業に対する調査結果である。これによると，メリットとして比較的多くの企業が指摘しているのは，「業界・他社情報が得やすい」「市場・顧客情報が得やすい」「関係官庁との接触・情報入手に便利」などの情報入手の便である。これについで，「販売などの取引面で有利」や「人口などの市場規模が大きい」という販売・営業上のメリットが多く指摘されている。これは，主要な取引先の多くが東京にあること，市場規模が大きいことに関連したメリットといえる。こうしたことから，大企業本社の東京立地の最大のメリットは，東京区部に集積している種々の企業や官庁・諸機関との接触[7]が容易にできるという「同業種・異業種との接触の利益」であるといえる。これは，第2章で述べたヘイグの理論および集積論を証明するものである。

一方，デメリットとして指摘されている上位の項目は，「オフィス・スペースが十分とれない」「オフィスの賃貸料・購入費用が高い」「従業員の通勤時間が長い」である。これらはいずれも，集積の不利益の典型である地価・地代の高さから生じたものであり，空間的デメリットである。その他のデメリットの「交通渋滞が激しい」「従業員の住宅事情が悪い」「従業員の住宅対策コストが高い」なども，集積の不利益である地価の高さに起因するものである。

このように，東京に立地する大企業本社のメリットは，「集積の利益」であるが，同時に「集積の不利益」をデメリットとして認識しているのである。集積が大きければ，またその集積の不利益も大きいことは，ウェーバーが「工業立地論」で論じたとおりである。集積の不利益をデメリットとしながらも，東京に大企業本社が立地するのは，このデメリットを上回るメリットがあるからであり，また大企業本社は地価・地代負担力が大きいからである。

情報伝達手段の高度化によって，オフィス立地も大きく変わるという見方もあるが，前節でみたように，大企業の東京への本社立地指向および９大商社の東京重視は，既述の東京における対面接触による「同業種・異業種との接触の利益」が，高度情報化社会においても容易に他の媒体に代替できない[8)]ことのあらわれといえる。

４　アメリカ合衆国における本社立地
——日本との差異——

アメリカ合衆国における大企業本社数の都市別分布（表４-８）をみると，日本との違いが大きいことが明白である。この違いは次の２つである。

(1)　特定の都市への集中立地がみられない。これは次の２つの点で明らかである。ひとつは，本社数が最多のニューヨーク市でも大企業本社の5.5%

表4-8　アメリカ合衆国における大企業本社の都市別分布（1998年）

順位	都市名（州名）	本社数	州都名	本社数
1	ニューヨーク（ニューヨーク）	524（5.5%）	オールバニ	7
2	ヒューストン（テキサス）	264（2.8%）	オースティン	48
3	シカゴ（イリノイ）	214（2.3%）	スプリングフィールド	4
4	ダラス（テキサス）	210（2.2%）	オースティン	48
5	アトランタ（ジョージア）	123（1.3%）	アトランタ	123
6	サンディエゴ（カリフォルニア）	101（1.1%）	サクラメント	16
7	ミネアポリス（ミネソタ）	100（1.1%）	セントポール	26
8	ロサンゼルス（カリフォルニア）	97（1.0%）	サクラメント	16
9	デンバー（コロラド）	95（1.0%）	デンバー	95

出典：藤本（2003）より作成.
注：1）売上高上位の9,427社の本社所在地による.
　　2）カッコ内は9,427社に対する割合.
　　3）右欄の州都名と本社数は，左欄の都市がある州の州都とそこにおける本社数である.

を占めるにすぎないことである。いまひとつは，日本では主要11都市における大企業本社の割合は70%と多いが（表4-4），アメリカ合衆国では本社立地が多い上位9都市の占める割合は18%にすぎないことである（表4-8）。

(2)　行政機能が立地する都市への本社立地は多くない。これは次の2つの点にみられる。ひとつは，アメリカ合衆国の首都であり，政治の中心であるワシントンD.C.における本社立地は多くはなく，上位9都市には入っていないことである。いまひとつは，日本では都道府県庁の所在都市における本社立地が多いが（表4-4），アメリカ合衆国では上位9都市のなかで州都（州庁所在都市）である都市はアトランタ市とデンバー市のみであり，多くの州都では大企業本社の立地は少ない。これらの理由として，アメリカ合衆国では政治制度が中央集権制でなく連邦制であること，企業活動と国家行政・州行政との関係が希薄であることを指摘できる[9)]。

上記(1)のように，アメリカ合衆国最大の都市であるニューヨーク市に大企業本社が集中していないのは，なぜであろうか。

ニューヨーク市には，1970年時にアメリカの大企業625社のなかの121社の本社があったが，1987年には82社に減少した[10)]。この減少の理由として，①

オフィス賃貸料が高いこと，②マンハッタンにおける税負担（不動産税など）が高いこと，③労働コストが高いこと，④経常経費（電力料金など）が高いことが，指摘されている。

しかし，これらのことからでは，前述のアメリカにおける本社立地の基本的傾向を説明できない。なぜならば，東京においてもニューヨーク市とほぼ同様の条件があるからである。この点について考えるにはつぎに述べる，本社がニューヨーク以外に立地している企業105社を対象としたアンケート調査[11)]の結果が参考になる。この調査のなかで，「ニューヨークに本社があると行いやすい活動」という質問項目があるが，最も多くの企業があげているのは「情報収集活動」である。しかし，この割合（複数回答）は22％であり，日本（東京）の場合と大きな差がある[12)]。さらに，「ニューヨークに本社があると行いやすい活動」として「とくにない」と回答した企業の割合が56％を占めていることも，日本と比較して違いが大きい。

同調査結果において，顧客や同業他社に関する情報，および製品に関する市場情報・国際情報などは，（アメリカ企業においても）かなり重要であると認識されている。しかし，その収集手段としての対面接触の重要性は，顧客情報以外においてはきわめて低い。すなわち，同業他社の情報，市場情報，国際情報などの場合，その情報収集手段として重要であるとされているのは，専門紙あるいはマスコミであり，対面接触の割合は８～18％である。

日本と比較してアメリカにおける対面接触による情報交換が少ない，あるいはその重要性が低い理由として，この調査で最も多く指摘されている（76％）のは，「日本では取引の成立理由として人的なコネが米国より重要である」ことである。ついで，「米国では個人の権限が大きく，電話でも交渉・決定が可能である」（33％）ことが多く指摘されている。つまり，企業経営における対面接触の必要性・重要性は国民気質，経営風土，ビジネス習慣などによる差異が大きいといえる。

大企業本社の立地に関する日米間の違いのひとつに，アメリカ合衆国では大都市の郊外における立地が多いことがある[13]。アメリカ合衆国において大企業本社の郊外化が進展している理由として，①短い通勤時間，②環境が良い，③良好な労働力が得やすい，④将来のオフィスの拡張が容易，などの郊外立地の利点のほかに，前述のような国民気質，経営風土，ビジネス習慣なども関係していると考えてよい。

アメリカ合衆国で郊外に立地する本社のなかには，「オフィスパーク」とよばれる，郊外のオフィス団地ともいうべき地区に立地するものもある。このオフィスパークは1960年代以降に民間デベロッパーが建設したものであり，たんにオフィスだけでなく，緑の多い自然環境のなかに，居住地，商業地，レクリエーションセンターなども備えた複合的機能の団地である。オフィスパークが多いのはニューヨーク市，シカゴ市，カリフォルニア州の諸都市などの郊外である[14]。

第4章　大企業の支店立地

1　主要都市における支店立地

大企業の支店・営業所のおもな業務は，一定の地域を対象とする販売・受注活動，情報収集・市場調査活動などである（表4-11参照）。多くの産業・業種では，その支店の形態はオフィスであり，業務もオフィス業務が中心である。全国市場など広域的な市場に財を供給し，市場シェアを確保・増加させるには企業は支店・営業所を多く配置させなければならない。こうしたことから，大企業は全国的に支店を立地させている。この状況を表4-9

表4-9　主要都市における大企業の支所数の推移

都　　市	1960年	1985年	2000年	都　　市	1960年	1985年	2000年
札　幌	348	738	1,010	京　都	101	251	511
青　森	42	220	300	大　阪	668	1,115	1,484
盛　岡	41	219	342	神　戸	160	317	550
仙　台	223	727	1,129	岡　山	74	275	537
宇都宮	29	248	387	広　島	209	718	1,028
水　戸	34	229	351	高　松	132	374	597
千　葉	36	276	522	松　山	53	252	355
東　京	645	1,165	1,627	北九州	204	255	446
横　浜	141	397	757	福　岡	368	846	1,241
新　潟	103	347	512	大　分	38	206	310
長　野	39	220	306	長　崎	67	210	287
富　山	75	179	330	熊　本	56	251	420
金　沢	85	280	539	鹿児島	49	267	415
静　岡	63	320	550	大企業数	1,214	1,817	2,500
浜　松	50	211	355	10%以上の都市数	10	28	29
名古屋	511	1,034	1,435	20%以上の都市数	5	9	16

出典：阿部・山﨑編（2004）などより作成.
注：1）北九州市の1960年の数値は旧小倉市など5市の合計.
　　2）10%（20%）以上の都市数は配置率（大企業数に対する各都市の支所数の%）による.

によって概観してみよう。

(1)　東京，大阪，名古屋の3大都市の支所数は一貫して他都市よりも多い。1960年には大阪が最多都市であったが，1985年以後は東京が最多となり，大阪との支所数の差は，2000年にはやや拡大した。

(2)　広域中心都市である札幌，福岡，仙台，広島における支所数と他の県庁所在都市におけるそれとの差が大きい。

(3)　横浜，京都，神戸の3都市の支所数は上記の広域中心都市のそれよりもかなり少ない。これは3都市に近い東京，大阪の支所がそれぞれ横浜，京都・神戸をも管轄する支所を配置していることの影響が大きいと考えられる。

都市別にみると，上述のように広域中心都市における支所の集積が大きく，都市経済に占める割合も高い。たとえば，福岡市の全事業所のうち54%が支所であり，なかでも東京に本社・本店がある支所数は4,600にもおよび，その就業者数は全市の21％を占めている。このように支店群が都市全体の経済活動に占める割合が比較的大きな都市を「支店経済の都市」とよぶことがある。

2　支店配置の原理

広域中心都市とその他の県庁所在都市との支店数の差はなぜ生じるのだろうか。その基本的な理由は，中心地理論を適用して説明できる。つまり，成立閾値が高い（営業・管轄地域が大きい）支所は，市場規模が大きく，その地域の交通上の中心的な位置を占め，さらに東京・大阪などの大都市との交通が便利な広域中心都市に立地し，その他の県庁所在都市には立地しないからである。

具体的にいえば，北海道，東北地方，九州にそれぞれひとつだけ支店を配置する場合は，それぞれ札幌市，仙台市，福岡市に配置することが多いのである。たとえば，北海道にひとつだけ支所を配置している大企業の場合，その98.5％の企業は札幌市に支所を配置している[15)]。

このような支店配置の差が，広域中心都市と他の都市との成長（人口増加）の格差の一因となっている。言いかえれば，北海道における札幌市への，九州における福岡市への一極集中など，地域レベルにおける広域中心都市への機能集中の基本的な要因は民間企業の支店集積と考えられる。

販売業務，とくに訪問販売を主業務とする支店の一般的な配置条件はつぎのように考えられる（日野，1996)。支店の配置には，それを可能にするだけの需要量（最小必要需要量）が存在することが必要条件である。この条件に，支店の増設が従前の支店配置の状態よりも費用を軽減することが，十分条件として加わる。支店の増設は，新たにオフィスの賃貸料などの費用を増加させる面と，需要地域と既存支店の間の距離を短縮することによって営業員が営業活動のために移動する費用を節約する面とをもつ。したがって，支店の増設によって費用が全体として軽減される場合とは，この移動費用の節約が前述の費用の増加分を上回る時であるといえる。この十分条件が満たされやすいのは，既存支店から遠い地域である。

上述の支店の配置条件に関する考察からも，全国市場を対象とする大企業の支店は，本社（東京や大阪に立地すると仮定）と距離的に遠く，市場規模が大きい札幌市や福岡市などの広域中心都市に配置されることが理解できる。

3　支所の階層性と都市の階層

大企業の支所には，一般に階層性が認められる。すなわち，①支店，②営業所，③出張所などの階層的構成がある。この階層性の存在理由は，広い地域に多くの支所を配置する場合には，階層的な支所配置が情報伝達，販売業務，支所管理などの点で合理的であるためといえる。

大企業の支店の従業者規模をみると，それが立地する都市による差があることが明らかである。たとえば，主要都市別の１支所あたりの平均従業者数は，東京：143人，大阪：85人，名古屋：47人，札幌・仙台・広島・福岡などの広域中心都市では約31人，その他の県庁所在都市の新潟・金沢などでは15人程度である（阿部，1983)。

都市による支店規模の差は，基本的には担当するテリトリー（営業・管轄地域）内の市場規模の差にもとづくものと考えてよい。たとえば，東京支店[16] はそのテリトリー内の市場規模が大きいので多くの従業者数が必要であるが，新潟支店のそれは東京支店の場合より小さいので従業者数は少ない。実際の支店のテリトリーを調べた表４‐10をみても，このことは明らかである。すなわち，盛岡市の支店の半数は岩手県のみをテリトリーとしているのに対して，広島市の場合は広島県を含む複数の県をテリトリーとする支店が

表4－10　盛岡市，広島市および名古屋市の支店の管轄地域

盛岡市支店		広島市支店		名古屋市支店	
管轄地域	構成比(%)	管轄地域	構成比(%)	管轄地域	構成比(%)
岩手県全域	48	中国地方	26	東海地方**	42
北東北3県	17	中国・四国地方	11	中部地方	36
北東北2県*	8	広島・島根・山口県	10	愛知県	10
盛岡市周辺	7	広島・島根・鳥取・山口県	9	名古屋市	2
その他	20	その他	44	その他	10
計　%	100	計　%	100	計　%	100
N	1,107	N	1,244	N	910

出典：盛岡市は日野（1996），広島市は高原（1990），名古屋市は伊藤健司（2002）より作成.
注：*は岩手県と青森県または秋田県，**は愛知県，三重県，岐阜県の3県，またはこの3県に静岡県を加えた地域。

表4－11　札幌支店と旭川支店の活動内容

（%）

	下部機構の統括	人事採用	受注・販売活動	特約店の販売指導	取引先への指導	集荷・配送	情報収集・市場調査	回答支店数
札幌支店	28	33	89	38	29	22	41	1,014
旭川支店	5	7	84	37	21	7	20	137

出典：寺谷（2002）より作成.
注：1）北海道外に本社がある支店についての調査結果.
　　2）複数回答の集計結果.

多く，名古屋市の支店の約8割は東海地方または中部地方を管轄しているのである。

支所の階層性も支店規模に影響する。上位階層の支店はその下位階層の支所の統括業務も行うので従業者規模が大きくなるのである。こうした状況を北海道の札幌市と旭川市に立地する支店の活動内容を調査した結果からみてみよう。表4－11によって，札幌支店の約3割は下部機構の統括をしているが，旭川支店の場合はこの割合は5%にすぎないことがわかる。この差異が，両市の支店従業者数の差の一因といえる。このように，都市の階層と支所の階層性および支所の規模とは関連がある。

〔注〕

1）「事務所・営業所」「工場・作業所」「店舗・飲食店」「輸送センター・配送センター」「自家用倉庫」「外見上一般の住居と区別しにくい事業所」「その他（学校，病院，寺社，旅館など）」の７区分である。

2）経済的中枢管理機能はつぎの３つに大別される。①企業行動に関する意思決定機能，②その前提となる外部経済情報収集機能，および③組織を管理・統制する管理機能。これらの最高次の機能を果たしているのが企業本社である（青野，1986）。企業の支所はこれらの低次な機能を果たしているといえる。

3）広域中心都市の名称は，北川建次が「６大都市（東京，大阪，名古屋，横浜，京都，神戸）以外に，６大都市よりも規模は小さいが，各府県の中心都市よりも高い機能をもつ中間都市が出現してきた」ことを指摘し，これらを広域中心都市と名づけたことにはじまる。典型的な広域中心都市として，札幌，福岡，広島，仙台の４都市をあげた（北川，1962）。

4）各年次の日本経済新聞社刊『会社年鑑』に掲載の株式会社。

5）1989年以降に東京にも本社を置き，２本社制をとった大企業として，自動車業界のマツダとトヨタの例がある。マツダは1989年に広島に本社を置いたまま，東京本社を設置し，海外事業関係の役員を東京に常駐させている。また，トヨタは1991年に東京本社を設置し，海外事業，渉外，広報の機能をもたせている。愛知県豊田市の本社には技術・開発，経理，購買などの部門をそのまま残した。東京本社の設置の目的は，官庁や政・財界，さらに内外の企業などからの情報収集のためとされている。

6）たとえば，伊藤忠商事と丸紅はそれぞれ鉄鋼部門を切り離し，新会社を設立させた。この新会社に伊藤忠商事の社員から360人，丸紅から400人が転籍した（阿部・山﨑，2004）。

7）企業が官公庁と接触する場合の仕事の内容は，許認可，補助金，情報収集，法律相談，行政参加，営業上の取引などである。

8）大阪市に本社がある56の大企業（資本金100億円以上）のなかで，社長が東京に常住する企業数は27である（2004年）ことも，これと密接に関係していると考えられる。

9）アメリカ合衆国では行政組織の企業活動に対する諸営力は弱く，両者間の「対面接触」は必要でないという点で，日本のような「行政裁量」型国家と異なる。日本では「産業調整政策」「公的規制」などの「行政指導」のプロセスにおいて，行政裁量があるために，企業の管理部門が生産部門から分離して東京へ移動し，その結果，本社の東京集中が顕著となっている（藤本，2003）。

10）IBMの本社は1963年にニューヨーク市のマンハッタンから郊外のウェストチェスター地域に移転したが，そのおもな理由は郊外立地のメリットであった（大西，1992）。ニューヨークの場合，大都市圏の範囲でみても本社数は減少している（高橋，1997）。すなわち，アメリカ合衆国の大企業800社のなかでニューヨーク大都市圏に本社があった企業は，1980年の196社から1993年には138社となった（ニューヨーク大都市圏から圏外へ退出した企業は111社，参入した企業は53社）。

11）これは，東京都区部に所在する外資系企業と外国企業のなかで，親会社が米国にある105企業に対して行われたアンケート調査の結果である（国土庁調査「高度情報化と土地に関する調査研究」1987年）。

12）大企業に対して「東京区部でなければやりにくい業務」を複数回答で調査した結果（回答企業数に対する割合）によれば，「情報収集」は70%，「経営トップの活動」は50%，「国際業務」は37%である。このことから，とくに前二者は業務内容からみた東京区部への大企業集中の理由といえる。調査対象企業は東京，大阪，名古屋および地方上場企業1,846社であり，回答企業数は729である（オフィス分散研究会，1989）。

13）アメリカ合衆国の上位500企業でみると，郊外に本社が立地していたのは1965年には47であったが，1975年には135社に増加した。

14）たとえば，シカゴ郊外のオークブルック・オフィスパーク（面積は121ヘクタール）はオヘア国際空港に自動車で5分という距離にあり，いくつかの地域的ショッピング・センターも近くにある。このオフィスパークにはマクドナルドなどの大企業の本社などが立地している。

15）株式上場企業のなかで北海道にひとつだけ支所を配置している企業数は668社であり，その配置都市と支所数はつぎのとおりである（寺谷，2002）。札幌市：658社。その他（室蘭市，苫小牧市など）：10社。札幌市より人口・事業所の集積が格段に少ない室蘭市や苫小牧市に支所を配置する理由は，これらの都市に立地している大規模工場との関連からである。

16）東京に立地する支店の役割として重要性が高いのは，「マーケティング活動」のほかに「関連業界からの情報収集」「競争企業からの情報収集」「中央政府からの情報収集」である（オフィス分散研究会，1989）。したがって，各種の情報収集が重要であり，他都市の支店と異なる特別の役割をもっているといえる。このことが支店の従業者規模にも影響する。

文　献

青鹿四郎（1935, 1980）『農業経済地理』農山漁村文化協会.
青野寿彦（1986）「経済的中枢管理機能の地域構造の形成と変動」川島哲郎編『経済地理学』朝倉書店.
荒井良雄・岡本耕平・神谷浩夫・川口太郎（1996）『都市の空間と時間』古今書院.
荒井良雄・箸本健二編（2004）『日本の流通と都市空間』古今書院.
荒木一釼（1996）「北海道旭川市における野菜産地の成長――農協の集出荷対応を中心として――」『人文地理』48.
荒木一釼（2002）『フードシステムの地理学的研究』大明堂.
赤羽孝之・山本茂（1989）『現代社会の地理学』古今書院.
阿部和俊（1983）「高次都市機能の成長と展開」安藤萬壽男・伊藤達雄編『現代地理学概論』大明堂.
阿部和俊（1991）『日本の都市体系研究』地人書房.
阿部和俊・山﨑　朗（2004）『変貌する日本のすがた』古今書院.
飯沼二郎（1967）『農業革命論』未来社.
石井素介編（1992）『産業経済地理――日本――』朝倉書店.
市南文一（1980）「本邦における農業土地生産性の分布パターンとその変化，1960～1975年」『地理学評論』53-1.
伊藤健司（2002）『オフィス立地からみた分散的都市構造に関する研究』名古屋都市センター.
伊藤郷平・浮田典良・山本正三編（1977）『新訂　経済地理（農業）』大明堂.
伊藤貴啓（2002）「農業の国際化と農業地域の変化」小林浩二編『21世紀の地域問題』二宮書店.
大西　隆（1992）『テレコミューティングが都市を変える』日経サイエンス社.
オフィス分散研究会編著（1989）『脱東京戦略――オフィスの地方立地――』ぎょうせい.

春日茂男（1981）『立地の理論』上巻，大明堂.

春日茂男（1982）『立地の理論』下巻，大明堂.

春日茂男・藤森　勉編著（1991）『新訂　経済地理（工業）』大明堂.

金田昌司（1981）『福祉社会の地域計画――西ドイツ――』大明堂.

川島哲郎編（1986）『経済地理学』朝倉書店.

北村嘉行・矢田俊文編著（1977）『日本工業の地域構造』大明堂.

北村嘉行・寺阪昭信・富田和暁編（1989）『情報化社会の地域構造』大明堂.

北川建次（1962）「日本における広域中心都市の発達とその意義」『人文地理』14.

北川建次（1976）『広域中心地の研究』大明堂.

北川博史（2001）「商業機能の立地変動と商圏の再編成」中藤康俊編『国際化と地域』原書房.

草野　厚（1992）『大店法　経済規制の構造』日本経済新聞社.

国松久弥・安藤萬壽男・西岡久雄・鈴木啓祐・奥野隆史（1976）『増訂　経済地理学』明玄書房.

黒田彰三（1991）『都市と経済立地』大明堂.

経済地理学会西南支部編（1995）『西南日本の経済地域』ミネルヴァ書房.

河野敬一（1990）「明治以降の長野盆地における中心地システムの変容」『地理学評論』63A-1.

近藤康男（1974a）「チウネンの時代とその学説＝解説」近藤康男著作集　第1巻『チューネン孤立国の研究』農山漁村文化協会.

近藤康男（1974b）「チューネン孤立国の研究」近藤康男著作集　第1巻『チューネン孤立国の研究』農山漁村文化協会.

坂本英夫（1990）『農業経済地理』古今書院.

澤田　清（1978）『日本の都市圏』古今書院.

柴田弘捷（2004）「企業進出と地域変容――SHARP亀山工場の建設・稼動と三重県亀山市――」『専修大学社会科学研究所月報』495・496.

末吉健治（1999）『企業内地域間分業と農村工業化』大明堂.

杉浦芳夫（1989）『立地と空間的行動』古今書院.

杉浦芳夫編（2004）『空間の経済地理』朝倉書店.

鈴木安昭・田村正紀（1980）『商業論』有斐閣.

関　満博（1995）『地域経済と中小企業』筑摩書房.

祖田　修（1984）『西ドイツの地域計画――都市と農村の結合――』大明堂.

高橋重雄（1997）「アメリカ合衆国における主要企業の本社立地の変化」『青山経済論集』48-4.

高原一隆（1990）「地方中枢都市」宮本憲一・横田茂・中村剛治郎編『地域経済学』有斐閣.

竹内淳彦（1983）『技術集団と産業地域社会』大明堂.

竹内啓一（1985）『産業地理学』日本放送出版協会.

田村正紀（1981）『大型店問題』千倉書房.

田村正紀（1986）『日本型流通システム』千倉書房.

千葉昭彦（2003a）「地方都市中心商店街再生の方向性と可能性」『日本都市学会年報』36.

千葉昭彦（2003b）「宮城県内中小都市の中心商店街の実態と再生可能性」『東北学院大学東北産業経済研究所紀要』22.

坪田幸治（2001）「農村地域における郊外型大規模商業集積が地域経済に及ぼす影響――青森県柏村を事例として――」『経済地理学年報』47-2.

辻　悟一編（2000）『経済地理学を学ぶ人のために』世界思想社.

寺谷亮司（2002）『都市の形成と階層分化』古今書院.

富田和暁（1986）「流通諸機能と中心地機能――卸売業を中心として――」西村睦男・森川　洋編『中心地研究の展開』大明堂.

富田和暁（1991）『経済立地の理論と実際』大明堂.

富田和暁（1995）『大都市圏の構造的変容』古今書院.

友澤和夫（1999）『工業空間の形成と構造』大明堂.

内藤邦男・水鳥川和夫（1987）『国際金融都市・東京の未来』東洋経済新報社.

永井誠一・宮地　治（1967）「中枢管理機能と都市の再編成」大来佐武郎編『地域開発の経済』筑摩書房.

中藤康俊編著（2001）『国際化と地域』原書房.
西岡久雄（1976）『経済地理分析』大明堂.
西岡久雄・松橋公治編（1990）『産業空間のダイナミズム』原書房.
西日本シティ銀行（2004）『九州の消費者行動～福岡一極集中はすすむのか～』消費者動向調査，No. 93.
日本経済新聞社編（1990）『大店法が消える日』日本経済新聞社.
日経流通新聞編（1989）『流通の手引　1990年版』日本経済新聞社.
箸本健二（2004）「日本の商業・流通」杉浦芳夫編『空間の経済地理学』朝倉書店.
長谷川典夫，西原　純，村山良之，阿部　隆，石沢　孝（1992）『現代都市の空間システム』大明堂.
服部　二郎（1977）『都市と盛り場――商業立地論序説――』同友館.
林　上（1991）『都市の空間システムと立地』大明堂.
林　上（2002）『都市経済地理学』大明堂.
日野正輝（1996）『都市発展と支店立地――都市の拠点性――』古今書院.
藤田直晴・村山祐司監訳（1992）ジョーンズ・シモンズ著『商業環境と立地戦略』大明堂.
藤田佳久（1977）「第12章　林業」伊藤郷平・浮田典良・山本正三編『新訂　経済地理（農業）』大明堂.
藤田佳久（1987）「国民経済にとっての森林・林業問題」『林業経済』40-7.
藤本典嗣（2003）「政府・企業関係と都市システム」『経済地理学年報』49-1.
松浦利明・是永東彦編著（1984）『先進国農業の兼業問題――日本とヨーロッパの国際比較――』富民協会.
松原　宏編著（2002）『立地論入門』古今書院.
松橋公治（1986）「工業地域構造の形成と変動」川島哲郎編『経済地理学』朝倉書店.
宮地忠幸（2003）「輸入野菜の増加に対する国内産地の対応とその課題」『地理誌叢』44-1・2.
森川　洋（1974）『中心地研究――理論・研究動向および実証――』大明堂.
森川　洋（1980）『中心地論（Ⅰ）』大明堂.

森川　洋（1988）『中心地論（Ⅲ）――西ドイツにおける地域政策への応用――』大明堂.

森川　洋（1995）『ドイツ――転機に立つ多極分散型国家――』大明堂.

森川　洋（2005）『ドイツ市町村の地域改革と現状』古今書院.

矢田俊文（1986）「産業構造の展開と経済の地域構造」川島哲郎編『経済地理学』朝倉書店.

矢田俊文編著（1990）『地域構造の理論』ミネルヴァ書房.

矢田俊文・今村昭夫編著（1991）『西南経済圏分析』ミネルヴァ書房.

矢田俊文・松原　宏編（2000）『現代経済地理学』ミネルヴァ書房.

柳井雅人（1990）「集積論と『極』の形成」矢田俊文編著『地域構造の理論』ミネルヴァ書房.

柳井雅也（1993）「高速交通体系と企業戦略」山川充夫・柳井雅也編著『企業空間とネットワーク』大明堂.

矢野恒太記念会編（1990）『1990年版　日本国勢図会』国勢社.

矢野恒太記念会編（2002）『2002／03年版　日本国勢図会』矢野恒太記念会.

矢野恒太記念会編（2005）『2005／06年版　日本国勢図会』矢野恒太記念会.

山川充夫（1989）「青果物生産販売戦略の新展開――福島県を中心として――」『福島大学地域研究』1-1.

山川充夫（2004）『大型店立地と商店街再構築』八朔社.

山川充夫・柳井雅也編著（1993）『企業空間とネットワーク』大明堂.

山口貞雄（1988）『高炉工場の立地と変遷』大明堂.

山﨑　朗（1990）「工業立地論と工業地帯」矢田俊文編著『地域構造の理論』ミネルヴァ書房.

山﨑　朗（1992）『ネットワーク型配置と分散政策』大明堂.

山﨑　朗（1999）『産業集積と立地分析』大明堂.

山崎　健（2001）『大都市地域のオフィス立地』大明堂.

山下博樹（2004）「地方都市圏における小売業の動向」富田和暁・藤井　正編『図説大都市圏』古今書院.

山本健児（2005a）『経済地理学入門　新版』原書房.

山本健児（2005b）『産業集積の経済地理学』法政大学出版局.

山本正三・市南文一・植嶋卓巳（1983）「農業土地生産性からみた関東地方の農業空間構造」『地理学評論』（Ser. A）56-12.

山本正三・秋本弘章・村山祐司（1988）「関東地方の農業地域構造」『筑波大学人文地理学研究』12.

吉津直樹（1978）「明治期・関東地方における銀行の立地過程——とくに中心地体系との関連において——」『人文地理』30-5.

吉村俊次郎（1993）「オフィス・アルカディア構想と地域振興の現在」『産業立地』32-9.

和田一誠（1986）「両大戦間期の日本における鉄鋼トラストの形成と立地展開」『経済地理学年報』32-2.

Alexander, I.（1979）*Office Location and Public Policy.* アレキサンダー著，伊藤喜栄・富田和暁・池谷江理子訳（1989）『情報化社会のオフィス立地——事務所の配置と公共政策——』時潮社.

Bale, J.（1981）*The Location of Manufacturing Industry: An Introductory Approach.* ベール著，北村嘉行・上野和彦・小俣利男監訳（1984）『工業地理学入門』大明堂.

Berry, B. J. L.（1967）*Geography of Market Centers and Retail Distribution.* ベリー著，西岡久雄・鈴木安昭・奥野隆史共訳（1972）『小売業・サービス業の立地』大明堂.

Berry, B. J. L. *et al*.（1988）*Market Centers and Retail Location: Theory and Applications.* ベリー，パルほか著，奥野隆史・鈴木安昭・西岡久雄共訳（1992）『小売立地の理論と応用』大明堂.

Christaller, W.（1933）*Die zentralen Orte in Süddeutschland; eine ökonomisch-geographische Untersuchung der Gesetzmäßigkeit der Verbreitung und Entwicklung der Siedlungen mit städtischen Funktionen.* クリスタラー著，江沢譲爾訳（1969）『都市の立地と発展』大明堂.

Chisolm, M.（1962）*Rural Settlement and Land-use.* Hutchinson. チサム著，村田喜代治監訳（1971）『農業集落と土地利用』大明堂.

Grigg, D.（1984）*An Introduction to Agricultural Geography.* グリッグ著，山本正三・内山幸久・村山祐司訳（1986）『農業地理学入門』原書房.

Haig, R. M.（1926）Toward an understanding of the metropolis. *The Quarterly Journal of Economics,* 40.

Hartshorn, T. A.（1992）*Interpreting the City: An Urban Geography,* 2nd Edition, John Wiley.

Harris, C. D. and Ullman, E. L.（1945）The nature of cities. *Annals of the American Academy of Political and Social Science,* 242.

Hoover, E. M.（1937）*Location Theory and the Shoe and Leather Industries.* フーバー著，西岡久雄訳（1968）『経済立地論』大明堂.

Keeble, D.（1967）Models of economic development. Chorley and Hagget（eds.）, *Models in Geography.* Methuen.

Muler, P.（1973）Trend Surface of American Agricultural Patterns: A Macro Thünen Analysis. *Economic Geography,* 49-3.

Sinclair, R.（1967）Von Thünen and urban sprawl. *Annals of the Association of American Geographers,* 57.

Smith, D. M.（1971）*Industrial Location: An Economic Geographical Analysis.* John Wiley. スミス著，西岡久雄・山口守人・黒田彰三訳（1982）『工業立地論——理論と応用——』（上）大明堂；宮坂正治・黒田彰三共訳（1984）『工業立地論——理論と応用——』（下）大明堂.

Thünen, J. H. von（1826）*Der isolierte Staat in Beziehung auf Landwirtschaft und National-ökonomie.* チューネン著，近藤康男訳（1974）「チューネン孤立国＝翻訳」近藤康男著作集　第1巻『チューネン孤立国の研究』農山漁村文化協会.

Weber, A.（1909）*Über den Standort der Indutrien; Erster Teil, reine Theorie des Standorts.* ウェーバー著，江沢譲爾監修・日本産業構造研究所訳（1966）『工業立地論』大明堂；篠原泰三訳（1986）『改定　工業立地論』大明堂.

索　引

あ行

か行

さ行

た行

な行

は行

ま行

や行

ら行

著者略歴

富田 和暁（とみた かずあき）

一九四七年 愛知県に生まれる
一九七六年 名古屋大学大学院博士課程単位取得退学
現在 大阪商業大学経済学部・地域政策学研究科教授
博士（地理学）
主著 『情報化社会のオフィス立地』（時潮社・共訳）、『情報化社会の地域構造』（大明堂・共編）、『経済立地の理論と実際』（大明堂）、『大都市圏の構造的変容』（古今書院）、『図説 大都市圏』（古今書院・共編）、『大都市都心地区の変容とマンション立地』（古今書院）

地域《ちいき》と産業《さんぎょう》 新版《しんぱん》

経済地理学の基礎

●

2006年 2 月28日 第 1 刷
2015年 9 月30日 第 5 刷

著者…………富田《とみた》和暁《かずあき》

発行者…………成瀬雅人

発行所…………株式会社 原書房

〒160-0022 東京都新宿区新宿1-25-13

電話・代表03(3354)0685

http://www.harashobo.co.jp

振替・00150-6-151594

装幀………有限会社ロクオ企画

印刷・製本………亜細亜印刷株式会社

ISBN 978-4-562-09108-9, Printed in Japan

地域《ちいき》と産業《さんぎょう》　新版《しんぱん》　経済《けいざい》地理学《ちりがく》の基礎《きそ》（オンデマンド版）

2020年4月7日　発行

著　者　　富田《とみた》　和暁《かずあき》
発行者　　成瀬　雅人
発行所　　株式会社 原書房
〒160-0022　東京都新宿区新宿1-25-13
TEL 03(3354)0685　FAX 03(3354)0736
URL http://www.harashobo.co.jp

印刷・製本　　株式会社 デジタルパブリッシングサービス
URL http://www.d-pub.co.jp/

ISBN978-4-562-10132-0　　Printed in Japan